기생 이야기

일제시대의 대중스타

차례
Contents

03 한·중·일 기생사 14 관기의 행방을 찾아서 20 권번의 탄생, 그리고 영욕의 세월 36 기생, 대중스타로 태어나다 54 평양 기생학교 방문기 60 기생과의 만남, 그 공간 82 정체성의 혼란

한·중·일 기생사

우리나라의 기생

　우리나라 기생의 대표 브랜드는 누가 뭐라고 해도 황진이黃眞伊다. 생몰연대는 확실하지 않지만, 중종 6년(1511)에 태어나 중종 36년(1541) 30세의 나이에 세상을 등진 것으로 추정된다. 본명은 진랑眞娘이고 기명妓名은 명월明月이기에 '개성기생 황명월'로 불러야 맞다. 1592년 임진왜란이 일어나기 전인 16세기를 살았던 황진이는 약 270년이 지나서 19세기 화풍으로 풍속화를 그린 혜원 신윤복申潤福(1758~?)에 의해 '풍속화 기생 이미지'로 치장하게 된다. 또한 1909년 기생조합에서 일제강점기의 권번 기생으로 이어지는 '전통예악의 기생 이미지' 역시 오늘의 입장에서도 황진이에게 여전히 유효하다. 우리에게 황진이의 기생 이미지는 '16세기에 태어나 19세기 옷으로 치장하고 21세기 언어로 의사소통하는 퓨전형 기생'이다. 기생 황진이는 아무리 다른 기생을 비추어도 늘 항상 '황진이'만 보이는 거울과 같은 존재다.

우리나라 기생의 역사를 이야기하기 위해서 『조선해어화사』(1927)는 빼놓을 수 없는 자료다. 기생의 역사를 종합적으로 다루면서, 삼국시대부터 일제강점기에 이르기까지 천민층으로 취급받은 기생들의 자료를 역사서와 각종 문집에서 모았다. 기생의 기원과 각 시대별 제도, 기생의 생활, 유명한 기생들, 기생의 역할과 사회적인 성격 등을 다루고 있다. 또 각종 일화와 시조 및 시가 등을 소개하고, 이를 통해 기생이 비록 천민층이었으나 매우 활동적인 여성들이었음을 보여주었다. 또한 전통문화의 계승자였고, 나라를 위해 몸을 바친 의기나 의료에 종사한 의녀도 있었으며, 우리 문학사에 적지 않게 공헌했음도 재확인시켜주었다.

기생을 부르는 별칭 '해어화'는 '말을 알아듣는 꽃'이란 뜻으로 '미인'을 달리 이르는 말이다. 당나라 현종이 비빈과 궁녀들을 거느리고 연꽃을 구경하다가 양귀비를 가리켜 "연꽃의 아름다움도 '말을 이해

대한제국 궁정 관기 정장 사진
(1900년대)

하는 이 꽃'에는 미치지 못하리라"고 말했다는 고사에서 온 말로, '해어지화解語之花'에서 비롯된 것이다.

기생妓生(a gisaeng girl; a singing and dancing girl)은 우리나라에서만 쓰이는 호칭이다. 지난날 잔치나 술자리에 나가 노래·춤 등으로 흥을 돕는 일을 직업으로 삼던 여자를 일컫는 말로 '예기藝妓'와 함께 쓰였다. 특히 '기생'의 한자어는 우리나라 문헌에서 조선시대 와서야 비로소 출전을 찾을 수 있다. '기생'의 '생'은 일부 명사 뒤에 붙어 '학생'의 뜻을 더하는 접미사다. 또한 성씨 뒤에 붙어 '젊은이' 또는 '홀하게 대할 수 있는 사람'임을 나타낸다. 예컨대 교생, 서생, 선생, 학생, 이생, 허생 등과 같은 경우이다.

기생의 원류는 신라 24대 진흥왕 때에 여자 무당 직능의 유녀화에 따른 화랑의 '원화源花'에서 찾는다. 무당의 유녀화는 인류의 매춘 역사를 논의하는 일반론의 출발점이기도 하다. 정약용과 이익은 기녀의 문헌 기록을 들어 고려 때에 그 기원을 찾았다.

> 백제 유기장의 후예인 양수척이 수초를 따라 유랑하매, 고려의 이의민이 남자는 노예로 삼고, 여자는 기적妓籍을 만들어 기妓를 만드니, 이것이 기생의 시초다.

고려 때에는 관기官妓를 기첩妓妾으로 맞고 사대부들이 집마다 둔 기록이 있어 공물이면서 사물로도 여긴 것으로 보인다. 조선시대에는 관기제도를 한층 정비하였으나, 표면상으로만 '관원은 기녀를 간奸할 수 없다'는 『경국대전』의 명문이 있었을 뿐이다. 실제로는 관기는 공물이라는 관념이 불문율로 되어 있어 지방의 수령이나 막료의 수청기守廳妓 구실로 삼았다. 관비官婢와 관기官妓는 엄연히 구별되었지만, 세종 때는 관기가 모자라 관비로 충당하기도 했다. 관기제도는 조선 말기까지 존속하였으며, 수모법隨母法에 따라 어머니가 관기이면 딸도 관기가 되었다. 이것은 비인간적이면서도 고약한 경우이다. 극단적인 사례이기는 하지만, 한 지방 수령관이 관기 모녀와 관계를 맺고, 모녀가 번갈아 가면서 수청을 드는 상황이 벌어지기도 하였다.

이처럼 세습되는 기생이 아닌 때는 고아거나 빈곤하여 팔리는 것처럼 외적 환경에 의했다. 그밖에 자발적 의지에 의한 것은 허영심에 본인이 희망하거나, 과부가 되어 자원하거나, 양반의 부녀로서 음행하여 자녀안恣女案에 기록된 경우가 있었다.[1]

조선시대의 교방은 기생을 관장하고 교육을 맡아보던 기관으로 가무 등 기생이 갖추어야 할 기본 기예는 물론, 행의行儀·시·서화 등을 가르쳐 상류 고관이나 유생들의 접대에 부족함이 없도록 하였다.

8, 9살이 된 기생은 동기童妓라 하는데, 교방에서는 12세부터 교육을 시켰다. 춤을 잘 추는 기생은 무기舞妓, 노래를 잘 하는 기생은 성기聲妓 또는 가기歌妓라 불렀다. 또한 악기를 잘 다루는 기생은 현기弦妓 또는 예기라 하였다. 외모가 뛰어난 기생은 미기美妓, 가기佳妓, 염기艶妓 등으로 불렸다.

혜원 신윤복의 '전모를 쓴 여인'
(국립중앙박물관 소장)

특히 사랑하는 기생은 애기愛妓, 귀엽게 여기어 돌보아 주는 기생은 압기狎妓라 하였다. 나이가 지긋한 기생은 장기壯妓라 했고, 의로운 일을 한 기생은 의기義妓로 칭송받기도 하였다. 물론 기생의 우두머리는 행수 기생으로 도기都妓다.

어두운 호칭으로 노래와 춤과 몸을 파는 기생인 창기娼妓, 천한 기생이라는 천기賤妓, 퇴물기생이라는 뜻의 퇴기退妓 등이 있다. 조선 후기에 두드러지는 기부妓夫, 즉 기생서방으로 종8품 벼슬인 액례·별감·승정원 사령·의금부 나장·포교·궁가·외척의 겸인 청지기·무사 등이 등장하여 후대에 오랫동안 지속된다. 대원군 시절에는 금부나장과 정원사령은 오직 창녀의 서방이 되는 것으로 허락하였을 뿐 관기의 서방이 되는 것을 허락하지 않았다. 기생을 첩으로 삼으려는 자가 있다면 반드시 기생서방에게 돈을 주고 그 몸을 속량贖良해야 한다. 이는 그동안 먹여 살린 비용을 갚는 것으로, 사회적 합의였다.

조선시대 기생의 배출지로 이름났던 곳은 서울·평양·성천·해주·강계·함흥·진주·전주·경주 등이다. 일제강점기에는 권번券番이 이 지역에서 이러한 역할을 이어갔다. 권번은 동기童妓에게 노래와 춤을 가르쳐 기생을 양성하는 한편, 기생들의 요릿집을 지휘하고 그들의 화대花代를 받아주었다. 비로소 일반인도 요릿집에서 만날 수 있는 존재가 된 기생은 권번에 적을 두고 세금을 바쳤으며, 이들 권번 기생은 다른 기녀들과는 엄격히 구분되었다.

그 당시 기생에 대해서는 호감과 배척이라는 이율배반적인 감정이 함께 있었다. 한쪽에서 보면 기생들은 봉건적인 유물로서 배척해야 할 대상이었으나, 실상은 현대적인 대중문화의 스타이기도 하였다.

중국의 기생

기생에서의 '기妓'는 형성문자로 '계집 녀(女)'의 뜻과 '가를 지(支)'에서 바뀐 음이 합하여 이루어졌다. 여기에서 한·중·일 기생 호칭의 변별이 필요하다. 중국에서는 기생이라는 호칭 대신에 '기' 또는 '기녀' '창기' 등을 널리 사용하였다. 기생이라는 호칭의 용례를 찾을 수 없을뿐더러 인용조차도 않았다. 중국의 문헌 기록을 보면 우리와는 다른 관점을 가지고 있다. 바로 '기妓'와 '기伎'의 차이다.

'기녀伎女'는 고대의 여자 가무예인을 가리키는데, '기녀妓女'는 여자 가무예인이지만 매음을 위해 영업하는 여자로도 그 용례가 보인다.

중국의 옛 문헌에는 '기妓'보다는 '창娼'으로 불리었다. 특히 옛 시대 창녀는 음악에서 기원한다. 이런 까닭으로 후세에 창녀가 비록 살기 위해 매음을 하지만 음악과 가무가 그들의 주요 기술이 되었다고 한다. 또한 '창娼'은 남녀로 구분되지 않았다.

중국 한나라 이래로는 창倡, 기伎, 여창女倡, 여기女妓, 어기御妓 등으로 불리었다. 당나라 이후에 관기官妓, 가기歌妓, 영기營妓, 음기飮妓, 교방여기敎坊女妓, 성기聲妓, 가기家妓 등으로 불리게 되었다. 물론 여기에는 여악女樂의 연희가 전제되고 있다.

창娼은 은나라 시대에는 종교매음의 '무창巫娼'에서 그 기원을 찾는다. 서주 시대에 노예 '창기'와 '관기'가 처음으로 생겨나고, 춘추전국 시대 이후 '여악'과 '창기' 발달이 이루어졌다. 한무제 때 군영에 설치되었던 창기를 '영기'라 하였다. 『서언고사書言故事』의 기록을 보면 '옛날에는 기妓가 없었는데, 한무제가 처음으로 영기를 설치하여 아내 없는 군사들을 위로했다'고 하여 위만조선 땅에 한사군漢四郡을 설치하면서 함께 들여온 것이 '영기'였다.

위진남북조 시대는 사노예처럼 집안에 둔 '가기'와 '성기'의 전성기였다. 당나라 시대에는 그 유명한 '진사'와 '창기'의

청나라 말기 상해 10대 명기 사진

관계가 두드러진다. 당나라에서는 관원들이 창기와 함께 있는 것이 법에 저촉되지 않았기 때문에 사대부들이 창기와 함께 연희를 즐기는 풍조가 생겼다. 송나라 시대에는 '태학생'과 '창기' 관계가 많이 회자된다. 그 후 청나라 시대에는 예전 왕조처럼 교방을 두고 국가에서 관리하였다. 나중에 개인이 창기를 경영하는 식으로 유지되다가 폐창廢娼으로 진행되어간다.

일본의 기생

일본에서는 기생이라고 하지 않고 유녀遊女라고 부르는 것이 일반적이다. 특히 '예기藝妓'는 일본 기생을 일컫는 말로, 예자藝者(げい-しゃ, 게이샤)로 통용된다. 게이샤는 일본에서 1688~1704년경부터 생긴 제도로서 본래 예능에 관한 일만 하였다. 하지만 유녀가 갖추지 못한 예능을 도와주는 역할을 한 게이샤와 춤을 추는 것을 구실로 손님에게 몸을 파는 게이샤의 두 종류로 나뉘었다. 전문적으로 질 높은 접대를 제공해야 했던 그들은 높은 수준으로 일본 전통예술의 훈련을 받았다. 기품 있는 게이샤는 매력적이면서 우아했다.

또한 흥미로운 것은 예전에 게이샤는 남자였다는 사실이다. 그러나 18세기에 여자로 바뀌었으며 젊은 소녀들이 사춘기에 이르기 전에 교육을 받기 시작했다.

게이샤는 아름다운 사람, 예술로 사는 사람, 예술을 행하는 사람이란 뜻이다. 그들은 예술분야 즉, 음악·서예·다도·

일본 게이샤 사진엽서

시·대화 그리고 샤미센이라 부르는 악기를 배운다. 그들은 화려하고 우아한 전통의상인 기모노를 입고 하얀 얼굴에 아주 빨간 입술로 화장을 한다. 풍기를 문란하게 한다 하여 여러 차례 금지령을 내린 일도 있으나 메이지 시대 이후 일반 게이샤의 수는 크게 증가하여 지방도시에까지 퍼지게 되었다. 근대에 와서는 예능의 정도에 관계없이 매춘만을 전문으로 하는 여성이 게이샤의 이름으로 술자리에 나가는 일이 많다.

일제강점기 일본인의 권번은 예기 중심의 기생권번이 아니라 유곽의 공창公娼인 예창기藝娼妓라고 볼 수 있다. 1900년대 초 일본인 예창기가 수입되어 당시 남대문과 태평로에 5, 6호의 애미옥曖昧屋이 있어서 '어요리御料理'의 간판을 붙이고 10여 명의 매춘부가 비밀 영업을 하였다. 러일전쟁 때 일본인이 격증하여 예창기가 증가하면서 예기의 권번도 생기고 창녀의 유곽도 생겼다.

일본의 유곽제도는 집창제集娼制로 매음업자를 일정한 곳에 모아 사창私娼이 일반주거지역으로 침투·난립하는 것을 단속한다는 취지에서 생겨난 것이다. 1924년 당시 일본에 생겨난 유곽은 544개소에 이르렀다.

일제강점기 서울에는 중구 묵정동 일부 지역이 '신마치' 유곽의 소재지가 되어 여기에서만 매음업이 허용되었다. 신마치 유곽지대는 동·서로 나누어져 동쪽은 조선인이 경영하여 창기들도 주로 조선인이었으며, '한성대좌부조합'을 결성하였다. 서쪽은 '다이와신치'라고 해서 주인·창기가 주로 일본인이었으며, '신마치유곽조합'을 결성하였다. 그 뒤 유곽은 개항지에 예외 없이 먼저 생겼고, 이어 내륙 도시들로 번져갔다.

당시 유곽에서 여자를 사는 사람은 큰 홀의 벽에 기대어 늘어앉은 여자를 직접 고르거나 번호가 붙은 사진첩 또는 벽에 걸린 사진들을 보고 번호를 지정하였다. 유곽이 설치되자 임질·매독 등의 성병도 번져 대개의 유곽에는 그 구내에 성병진료소를 설치하였다.

서울에 있던 일본인의 예기권번은 욱정 1정목 28번지에 있던 혼권번, 신정 12번지의 히가시권번, 원정 2-1번지의 난권번, 그리고 츄우나가권번이 있었는데 1924년 기준으로 혼권번의 예기 숫자가 268명이었다. 묵정동의 신마치권번은 창기 권번으로 일본인 창기가 340명이었으며, 또 용산에 야오이마치 유곽이 있었다. 지방의 일본인 권번은 거의 몸을 파는 창기 중

일제강점기의 부산 미도리마치(綠町) 유곽 사진

심의 유곽들이었다.2)

 일제 과거사 청산의 대상으로 '집창촌集娼村'도 예외가 아닙니다. 일제강점기에 일본에서 들어온 '유곽'이 집창촌의 유래이면서 당시 전국에 설치된 지역이 대부분 현재 집장촌 지역이기도 하다. 예를 들어, 부산의 속칭 '완월동' 집창촌은 일제에 의해 소화통昭和通으로 불리던 충무동의 완월동 지역에 1907년 '미도리마치 유곽'을 조성하면서 형성되었다. 이곳에서부터 일제에 의해 생겨난 유곽이 전국으로 확산된 것이다. 광복 후 미군정 시대에 '공창제도'가 폐지되자 '완월동' 집창촌은 사창화된다.

관기의 행방을 찾아서

　기적妓籍에 올라있는 관기는 그 부역賦役, 즉 기역妓役에 벗어날 수 없었다. 더구나 관기의 정년停年은 50세이기에 더욱 그랬다.

　1894년 갑오개혁의 노비 해방과 관기의 해방은 별개였다. 조선의 관기를 관장하던 궁중악은 1895년 예조에 소속되어 있던 장악원이 궁내부 장례원으로 소속이 바뀌었다. 1897년 관제 개혁 때에는 장악원이 교방사로, 1907년에 교방사는 장악과로 개칭되면서 궁내부의 예식과에 소속되었다. 1910년 한일합방이 되면서 장악과를 이왕직아악대로, 1913년에는 이왕직아악부로 교체했으며, 교방사 설치 시 772명의 악원 수가 1917년 57명으로 줄어들었다. 이 또한 일제에 의해 치밀하게 계산된 조선 궁중 아악의 말살 정책으로 볼 수 있다.

그런데 1895년 이후 궁중 관기는 장악원 직제에 있는 것이 아니라 태의원太醫院과 상의사尙衣司로 소속되면서 관기 해방 기록에 혼동이 일어났다. 내의원內醫院의 의녀醫女는 1907년에, 상의사의 침선비針線婢도 1907년에 폐지되었다. 따라서 직제상 관기가 폐지된 것은 1907년이다.

1907년 12월 14일 「대한매일신보」에 관기가 자신의 소속을 밝히고 자선 연주회를 개최한 다음과 같은 기사가 나온다.

[광고] 기등(妓等) 백여 명이 경성고아원 경비규세하야 유지극난지설(維持極難之設)을 문하고 난상(爛商)협의하여 자선연주장을 야주현 전 협률사에 개최하여 수익을 급수히 해원에 기부할 터이옵고 순서는 여좌하오니 자선하신 인인군자(仁人君子)는 내림 완상하심을 복망(伏望).

순서

평양랄탕패-환등-창부땅재죠-승무-검무-가인전목단-선유락-항장무-포구락-무고-향응영무-북춤-사자무-학무. 기 외에도 자미있는 가무를 임시하야 설행함. 음 11월 21일 위시하야 한삼야(限三夜) 개장함. 매일 하오 칠시에 개장하야지 11시 폐장함.

자선연주장 발기인

궁내부 행수기생 계옥 태의원 행수기생 연화 상의사 행수기생 금화 죽엽 계선 앵무 채련 등 고백.

이 기사에서 궁내부 행수기생, 태의원 행수기생, 상의사 행수기생 등이 자선 연주회를 발기했다고 했는데 궁중에 속해 있어야 할 관기가 궁중 밖에 궁내부, 태의원, 상의사의 이름을 걸고 독자적으로 연주하였다. 행사에 초대된 것이 아니라 관기들이 연주회를 주최한 것이다. 이는 궁중 윗전의 허락이 있어서 가능했거나, 궁중의 허락과 상관없이 기생들이 독자적으로 연주할 수 있으므로 가능하다. 그런데 궁중무와 민속무의 종목이 섞여 있다는 점이 특이하다. 궁중 소속 관기라면 민속무, 즉 승무·북춤은 추지 않았다. 이것은 여악의 전통이 흔들렸거나 궁 밖에서의 연주였기에 가능했다.[3]

1908년 7월 11일 「대한매일신보」에 다음과 같은 기사가 실린다.

[자선연주(慈善演奏)] 경성고아원 역사비에 보충하기 위하여 관기(官妓) 백여 명이 자선지의로 협의하고 음력 금월 십삼일 동구 내 장안사로 관기자선연주회를 개최하고 해수 입금은 몰수해 경성고아원에 기부한다더라.

1908년 7월 13일 경성고아원을 위해 장안사에서 열었던 자선 연주회, 즉 「대한매일신보」의 기사는 조선 관기들의 마지막 무대 공연으로 볼 수 있다. 조선의 여악女樂이 실질적으로 해체된 것이다.

하지만 국가에 소속된 일종의 공인 예술가로서 '관기'라는 개념이 공식적으로 사라진 것은 1908년 9월 15일 '기생 및 창기 단속 시행령' 제정 때부터이다.

1908년 9월 15일 「황성신문」을 보면 상방과 약방과 장악과에 관련되었던 관기를 앞으로는 경시청에서 관리한다는 기사가 실린다. 기생들은 이제 궁내부와 전혀 관련이 없게 되었으며, 경시청을 통해 관리 받게 되었다. 그날 바로 '기생 및 창기 단속 시행령' 제정되었고 10월 6일 '기생 및 창기 단속 시행심득'이 내려졌다.

경시청에 의해 모든 기생들이 기생조합소에 조직되어 가무 영업 허가를 받아 활동하게 된 것이다. 기생에 대한 감독과 통제는 이미 치밀한 준비하에 계획되고 있었다. 결국 궁중 관기가 사라진 것은 이 무렵이었다. 그 궁중 관기를 요릿집에서나 볼 수 있게 된 시기가 되었던 것이다.

한말 요릿집의 기원은 일본식 요정에 있다. 1880년대에 들어 서울에는 청국인과 일본인 등 외국인들이 거주하게 되었고, 일본인의 거주는 주로 진고개 즉 지금의 충무로 일대였다. 당시 일본인 3천 명이 모여 살면서 일본식 과자점이 생기게 되었다. 이 과자점에서는 '왜각시'라 불리는 일본 여자들이 과자였던 '눈깔사탕'을 팔았는데 일본 남자들이 여기에 몰려들자, 조선 남자들도 '왜각시'를 보려고 진고개 출입이 잦아졌다.

당시 진고개에 여럿 들어섰던 일본 요릿집에서 '왜각시'의 인기에 주목하게 되었고, 단순히 요리를 파는 데 그치는 것이 아니라 각시까지 파는 발상을 한 결과가 술과 요리, 그리고 게

관기 사진엽서(한말 궁중의 연희가 끝난 후 기념촬영)

이샤를 함께 파는 요정이 등장한 것이었다.

그래서 1887년 처음으로 일본식 요정인 '정문루井門樓'가 만들어지고, 여기에 '화월루花月樓'가 생겼다. 친일파의 대명사로 불리는 송병준이 '청화정淸華亭'까지 내면서 한말의 3대 요릿집이 생겼던 것이다. 일본식 요릿집은 목욕간을 두었는데, 조선식 요릿집은 이를 따로 두지 않았다. 이 일본식 요릿집을 이어받으면서 조선식 궁중요리를 내놓은 집이 바로 명월관이다.[4]

이처럼 관기 제도가 폐지되고 기생들이 서울로 몰려들어 요릿집들은 매일 밤 성시를 이루어 장사가 잘되는 것까지는 좋았으나, 여기에도 골치 아픈 일이 차차 생겨나기 시작했다. 찾아온 손님이 부르고 싶은 기생의 이름을 대면 일일이 연락해서 불러와야 했고, 한 기생을 놓고 신분의 고하가 있는 몇 사람이 서로 불러오라고 으르렁대는 경우가 생기는가 하면, 불려온 기생이 실수를 범하거나 손님이 너무 무례하여 시비가 벌어지는 날에는 요릿집 주인이 일단 책임을 져야 했으니, 무척 번거롭고 신경 쓰이는 일이었다. 이와 같은 불편을 덜기 위해 생각해 낸 것이 기생조합이다.

이와 같은 이해타산 속에서 태어난 조합도 출신 지방별로 따로따로 모이게 되어 광교 쪽에 자리 잡은 광교기생조합은 서울 출신과 남도 출신들이 많이 모이게 되었고, 다동기생조합은 거의 평양지방 출신인 서도 출신들로 구성되었다. 이러한 조합이 일제에 의해 1914년 '권번'으로 바뀌게 되는데, '검번檢番' 또는 '권반券班'이라고도 불렀다.

권번의 탄생, 그리고 영욕의 세월

　일제강점기 시절의 기생은 권번에 소속된 기생을 말한다. 권번은 가부키 극장에서 사이반(茶番)이라는 관행이 생겨났을 때의 이름들과 아주 관계가 깊다. 일본은 이미 에도 시대부터 메이지 시대를 거쳐 다이쇼 시대(1912~1926)에 이르는 기간에 극과 음악 위로 파티를 연 연희장에서 시중을 드는 사람들이 있었는데, 차 시중을 드는 사람들인 차반茶番과 술 시중을 드는 사카반(酒番)이나 모치반(餅番)으로 분화·변화해 '사이반'에 이르고 있었다. 이때 그 일을 맡은 당번當番 모두를 '권번(券番, 칸반)'으로 부르고 있었다. 같은 발음의 칸반(燗番)은 요리점 등에서 술을 데우는 사람을 가리키고 있었다.

　이 모두는 일본 내 기생들의 기관이자 기생학교였던 '교방'

의 기능을 민간에서 모방한 것으로, 다이쇼 기간에 일본에서 예기들의 조합을 좁혀서 '칸반'이라고 하였고, 조선총독부는 그 한자음을 따와 '권번' 시대를 열어간 것이다.[5)]

권번은 기생을 관리하는 업무대행사로, 등록된 기생을 요청에 따라 요릿집에 보내고 화대를 수금하는 일을 맡았다. 권번에서는 매일 '초일기初日記'라는 기생명단을 요릿집에 보내 단골손님이 아닌 사람도 기생을 부를 수 있게 하였다. 물론 예약도 가능했는데 일류 명기의 경우에는 일주일 전부터 예약을 해야만 만날 수 있었다. 신입기생은 권번에서 인물이나 태도, 가무, 서화 등을 심사해 채용했으며, 권번은 어린 기생들에게 노래와 춤을 가르치고 요릿집 출입을 지휘하는 일종의 매니저 역할을 하였다.

당시 권번에 들어오는 여성들은 남의 추천을 받아오는 이가 제일 많았고, 일부는 본인들이 직접 찾아왔다. 좋은 권번에서 예의범절과 노래와 춤을 배우고 지체 높은 양반의 눈에 들기만 하면 팔자 고치는 것은 시간문제라 시집가기 위해 권번을 찾는 여성도 많았다. 권번에 들어오기 위해서는 입회금으로 10-20원씩 내었고, 일단 이름을 올려놓으면 매월 50전씩 회비를 내야 했다.

권번에 들어오면 팔에 기운이 있음직한 뼈대 굵은 기생들은 주로 거문고를 배웠고, 몸이 가냘픈 축은 양금을 익혔으며, 가야금은 누구나 할 수 있었다. 노래는 우선 목이 터야 했는데 노래를 부르는 수창기생이 되려면 담이 크고 침착해야 했다.

대개 노래는 우조 6가지, 계면 6가지, 편 1-2가지, 춤은 춘향무·장상보연지무·무고·사고무·무산향 등을 익히면 어느 정도 기초수업은 끝나는 것이었다. 권번에 이름을 올린 모든 기생이 의무적으로 배워야 하는 것은 아니었고 출석제도도 없어 게으른 축에게는 편리했으나 후에 명기가 될 수는 없었다.[6]

일제강점기 서울의 권번 명기는 서도(평양)기생과 남도기생으로 나눌 수 있었다. 남도 출신은 멋을 잘내는 것으로 소문났다. 철철이 유행 따라 옷을 새로 지어 입기를 좋아했기 때문이다. 반면에 서도기생들은 태가 많다고 소문났다. 태라는 것은 다른 말로 하면 애교가 많다는 뜻이다. 같은 권번에 있던 남도기생들과 이 얘기 저 얘기 끝에 농담이 무르익고 속을 털어놓을 수 있게 되면 남도기생들은 서도기생에게 "제 앞을 잘 가리는 깍쟁이"라고 말했다. 제 앞을 잘 가린다는 말은 여러 가지로 해석할 수 있는데 싹싹하고 경우가 바르다는 뜻과 약간 비꼬는 표현으로는 돈에 너무 악착같다는 뜻도 포함되는 것이었다. 이와 같은 서도기생에 대한 표현은 비단 기생들 사이에서만 들을 수 있는 것은 아니었다.

서도기생들은 수심가·노량 사거리·난봉가 등 시조·가사에 능했고 남도기생들은 춘향가·육자배기·홍타령 등 창을 잘 불렀다. 그러나 서도기생은 어렸을 때부터 노래서재에서 목을 트고 손끝을 익히기 때문에 훨씬 명창이 많았다.

어떻든 지방의 사투리를 닮을 수 없는 것처럼 서도기생이 남도기생을 흉내 내거나 남도기생이 서도기생을 모방하기는

힘든 노릇이어서 서로의 구별은 확연했다.[7]

서울의 권번

한성권번漢城券番은 1908년에 광교의 '한성기생조합'을 효시로 창립되었는데, 이 조합은 1패 기생중심의 약방기생으로 기생서방이 있는 '유부기조합'이었다. 후에 광교 한성기생조합은 한성권번으로 이름이 바뀐다. 1938년에는 주식회사 한성권번 부속 기생학교가 인가되었다. 당시 기생학교는 보통과(2년), 본과(1년), 전수과(1년)가 있었으며, 입학 연령은 12세로 1938년 5월 초 개교 계획이 언론에 소개되었다. 한성권번은 1942년 8월 17일에 삼화권번三和券番으로 통합된다.[8]

다동기생조합은 1913년에 조직되어 후에 대정권번大正券番으로 바뀌면서 뛰어난 명기들이 즐비하여 장안 명사들의 화제가 되고 인기의 초점이 되었다. 대정권번은 평양의 서방이 없

일제강점기 조선권번 기생 사진(노옥화, 윤롱월, 이난향, 이화향)

는 기생, 즉 '무부기'들을 중심으로 기타 서울과 지방 기생을 합하여 만들어졌다.

하규일 학감이 1923년 대정권번에서 나와 새로 만든 것이 조선권번朝鮮券番이다. 이 권번의 초창기로부터 1936년까지 교육시킨 기생이 무려 3천 명을 헤아렸다. 1942년 8월 17일 삼화권번으로 통합된다.

한남권번도 역시 다동에 있었고, 1918년 경상도와 전라도 두 지방 기생을 중심으로 한남권번이 창립되었다. 당시 남도에서 기생 수업을 받고 서울생활을 위해 올라오는 많은 기생들의 보금자리가 되었던 것으로 보인다. 그 후 1935년에는 영업부진으로 유명무실하게 된다.

경화권번은 경화기생조합에서 생겨났는데, 이것은 당시 경무사 신태휴가 주로 40여 명의 3패들을 중심으로 남부시동에 마련한 것이었다. 1918년 『조선미인보감』에서 서울 4대 권번으로 소개된 3패 중심의 '경화권번'도 명색이 기생조합으로

명칭	권번	주식회사	대표	주소
한성(漢城)	1914	1936.9.10	안춘민	무교정92
대정(大正)	1914	1923.10.4	홍병은	청진동120
한남(漢南)	1917	–	송병준	공평동 65
경화(京和)	1917	–	신태휴	남부시동
대동(大同)	1919	1920.8.14	황희성	청진동120
경성(京城)	1919	1923.10.4	홍병은	인사동141-2
대항(大亢)	1919	1923.10.4	홍병은	인사동106
조선(朝鮮)	1923	1936.4.30	하규일	다옥정45
종로(鍾路)	1935	1935.9.11	김옥교	청진정164
삼화(三和)	1942	1942.8.17		낙원동164

일제강점기 서울의 조선 기생 권번

조합을 구성했으니, 다른 조합원들과 격과 질이 떨어지는 관계로 충돌이 자주 일어났다. 1923년 하규일과 기생들에 의해 조선권번으로 매수되어 흡수된다.

대동권번은 평양출신 기생으로만 조직되어 대정권번과 경쟁관계에 놓였다가, 결국 1924년에 대정권번으로 흡수되어 폐업하게 된다. 대항권번은 영업의 목적이 예기 양성과 권번업으로 대정권번, 경성권번의 설립대표와 시기가 일치하고 있다.

경성권번도 조선물산공진회의 연예관에 참여할 정도로 활발하게 활동하였다. 1928년 일시 영업중지 상태에 있었다가 조병환에 의해 관수동 160번지로 권번을 옮겨 다시 부활한다. 그 이듬해 경성권번의 예기 대운동회를 장충공원에서 개최하기도 한다. 1932년 3월 12일에는 서린동 70번지로 이전하지만, 그 후 명맥만 유지된다.

종로권번은 1935년 9월 11일 권번 출신 기생 김옥교에 의해 주식회사로 설립된다. 당시 종로권번은 '조선색' 농후한 기생 양성소 출현이라고 언론에 소개될 정도로 유명하였다. 1937년 평양 기생학교처럼 기생다운 기생, 기예 있는 기생을 양성하는 기관을 세우고자 '경성 기생양성소 설립계획'(보통과 70명(3년), 특과 70명(1년), 전수과 50명(1년)) 등을 세워 종로 경찰서에 신청하였다. 그 목적을 조선 노래와 서화는 물론 전통적인 조선 기생으로서 필요한 예의작법

1910년대	4대 권번 : 한성·대정·한남·경화
1920년대	4대 권번 : 한성·조선·대정(대동)·한남
1930년대	3대 권번 : 종로·조선·한성
1946년	4대 권번 : 삼화·한성·서울·한강
1948년	2대 권번 : 한성·예성

서울의 기생 권번 변천사

등을 가르쳐 조선색이 알맞은 기생을 만듦에 두었다.[9] 하지만 1942년 8월 17일에 삼화권번으로 통합되었다.

삼화권번은 경성부내 조선·종로·한성 3대권번 주주들이 1942년 5월 25일 다옥정 조선권번에서 회합하여 3대권번을 합동하여 만든 권번이었다. 이는 일제의 전시동원체제로 인하여 생긴 통합권번이었다. 1942년 8월 17일에 그 결성식은 경성부 대륙극장에서 거행되어 그 후 일제에 의해 영업 제지를 받았다가, 광복 후에 부활하지만 1948년에 그 명맥이 끊어지게 된다.[10]

지방의 권번

대구 달성권번은 1927년 1월 6일 대구부 상서정 20번지에 자본금 6천 원의 합작회사로 출발한다. 달성권번은 권번에서 2년 내지 3년 정도 기예를 학습하고 나면 시험을 통해 그동안 습득한 기예의 실력을 판가름하게 된다. 여기에 합격해야만 비로소 놀음을 나갈 수 있는 기회가 주어졌다. 놀음의 장소는 퇴기가 운영하는 요릿집이나 규모가 큰 시내 음식점이었다.

기생들은 지방 유지들의 환갑잔치 또는 관에서 개최하는 각종 행사의 뒤풀이 등에 나가서 놀음을 연행한다. 놀음을 원하는 주최 측에서 시간과 장소, 기생 수 또는 특별히 원하는 기생이 있으면 그 명단을 적어 신청하고, 권번에서는 적합한 기생을 선정하여 게시판에 공고하고 또 이를 해당 기생들에게 연락해 주었다.

화대는 권번에서 일괄적으로 받아 보름이나 한달 단위로 계산해 주었다. 경우에 따라서는 놀음을 한 당일 기생들에게 직접 주기도 했으나, 이때 역시 권번에 냈다가 정기적인 날짜에 계산해서 받는 형식이었다.

광복 후 대구의 대동권번에서 '기생들의 시험'을 실시하여 뽑았다는 기록이 있는데, 광복 후 두 번째의 기생시험을 1948년 9월에 실시하여 응모자 84명 중 60여 명이 합격되었다고 한다.

명칭	권번	주식회사	대표	주소
개명(開明)(開城·夜明)		1935.11.10	권용락	개성부 서본정 320
계림(鷄林)		1930.3.15	손승조	경주읍 노서리113
광주(光州)		1932.4.10	김승동	전남 광주읍 남정 21
기성(箕城)	1924	1932.9.23	윤영선	평양 신창리36
남선(南鮮)	1922	–		마산부 오동동
남원예기(南原藝妓)		1939.3.5	이정근	전북 남원읍 쌍교리 140
단천(端川)		1940.6.6	이성렬	함남 단천군 단천읍 주남리9-6
달성(達城)		1927.1.6	겸용산	대구부 상서정 20
대전(大田)		1935.12.23	오재흥	대전부 본정2정목 85
동래예기(東萊藝妓)		1932.12.20	윤상직	경남 동래읍 교동 357
동래예기(東來藝妓)		1932.12.20	이병진	경남 동래읍 온천정 188
마산(馬山藝妓)		1939.11.21	김영우	마산부 오동동 26-4
목포(木浦)		1942.3.18	김광일	목포부 죽동 132
반용(盤龍)		1929.1.24	이희섭	함흥부 서양리 100
봉래(蓬萊)		1938.2.11	임선이	부산부 영주정 674
소화(昭和)	1928	1937.2.7	박재효	군산부 동영정목 55
연안(延安)		1936.8.1	서수남	황해 연안면 연성리 132-4
원춘(元春)		1939.5.3	이순철	원산부 상리 2동 25
인천(仁川)		1938.2.12	김윤복	인천부 용운정90-4
인화(仁和)		1935.8.9	김명근	인천부 용리 171
전주(全州)		1939.9.15	최병철	전주부 대화정
진주예기(晋州藝妓)	1928	1939.9.10	전두옥	진주부 영정 177
해주(海州)		1935.10.15	오돈근	황해도 해주읍 남본정 317

일제강점기 지방의 조선 기생 권번

시험 종목은 상식 위주의 구술시험과 노래, 두 종목이었다. 구술시험 문제는 "도청 소재지는 어디냐?" "올해는 단기 몇 년이냐?" 등 소학교 2학년 정도의 것을 채택하였으나, 이것도 어렵다 하여 반 이상은 답을 못하였다고 한다.[11]

진주권번은 1928년 4월 김창윤에 의해 세워졌다. 그 후 1939년 10월 전두옥에 의해 자본금 5만 원의 주식회사로 바뀌게 된다. 진주권번의 춤 교육기간은 3년이었다. 교육기간이 끝나면 반드시 졸업시험을 쳤으며, 심사는 춤 선생과 권번장 그리고 권번 후원인 자격으로 참여한 춤에 안목이 있는 지방의 유지들이 맡았다.

기생들은 졸업시험에 합격해야만 소위 놀음을 나갈 수 있었다. 놀음의 형태는 관에서 베푸는 행사와 개인연회가 있었고, 장소는 주로 큰 요릿집이나 요정이었다. 기생들이 춤과 소리, 가야금, 거문고 등을 연주하고 받는 화대는 대개 권번과 약 7:3으로 분배되었다. 놀음의 대가로 받는 화대는 시간단위로 계산되었다. 놀음의 소요시간과 액수가 적힌 전표를 받아다 권번에 제출하면 권번에서는 기생 개인별로 놀음시간에 따른 수입액수를 게시판에 공고한다. 돈은 보름이나 한달 단위로 지급되었다.

진주권번에서는 반드시 기예기생만이 놀음을 나갈 수 있었다. 기생이 놀음을 나갈 때에는 권번장을 비롯한 한두 명을 딸려 보내 기생들이 놀음을 잘 할 수 있도록 도와주는 역할을 맡겼다. 기생들이 놀음과정에서 권번에서 정해놓은 규정이나 법도를 어긴 경우에는 즉시 보고되었고, 경우에 따라서는 별도의 책임과 추궁까지 뒤따르는 등 매우 엄격한 면모를 보였다.

일제강점기 진주권번 수업 장면

그 규정 중의 하나는 손님상에 차려진 음식에는 먼저 손을 대서는 절대 안 된다는 것이었다. 그래서 요정에서는 기생들을 위해 따로 음식상을 차려내주기도 했다.

부산 동래예기권번은 1932년 12월 20일에 윤상직에 의해 자본금 5천 원으로 경상남도 동래읍 교동 357번지에서 주식회사로 출발한다. 동래권번 역시 기생들의 기예가 일정수준에 도달해야 비로소 놀음을 허가했다. 동래권번의 놀음방식 역시 다른 지역의 권번과 비슷했다. 다만, 놀음 전 들어오는 상차림에 있어 다소 차이가 있었다. 요릿집에서는 놀음이 펼쳐지기 전에 우선 요리상이 들어오는데, 이때 상은 3원·5원·7원·10원 등의 가격이 매겨져 있었다. 즉 연회의 내용과 규모, 그리고 참여한 기생들의 품격과 기예의 수준에 따라 값이 다르게 매겨졌던 것이다. 화대는 1시간당 1원 20전이었고, 1시간이 경과하면 매시간 80전씩 추가되었다. 계산은 요정에서 끊어주는 전표를 권번의 회계장부에 기록했다가 한 달에 두 번 기생에게 지급되었다.

전라도 정읍권번의 놀음 방식 역시 다른 지역과 유사했다. 다만, 권번에서의 학습기간이 다른 지역에 비해 다소 길었다. 기생들은 권번에서 최소 5년 정도의 수련을 거쳐야 놀음을 나갈 수 있었다. 대신 졸업시험제도는 없었다. 권번으로 놀음 요청이 있으면 이를 기생들에게 알려주고 기생들은 인력거를 타고 놀음을 나간다. 화대의 분배는 7:3 또는 6:4로 계산되었다. 그러나 이러한 분배가 모든 기생들에게 적용되는 것은 아니었고 기생들의 용모와 재능에 따라 각기 다르게 계산되었다.

광주권번은 기생학교인 학예부를 병설하여 기생 특히 동기를 교육 양성하였다. 입학금으로 50원과 월사금으로 5원을 받았고 입학원서에는 학부형의 보증이 필요했다. 8세에서 20세까지를 대상으로 3년 정도 지도하여 졸업시켰고 성적이 우수한 자는 시상하기도 하였다. 조기졸업도 가능했고 졸업 시에는 졸업증서를 수여하였다. 화초머리를 올려 명예를 표시하고 놀음에 나갈 수 있는 자격을 갖게 하였다. 잘못을 범하게 되면 권번 정원에 있는 석류나무 가지로 만든 매를 맞았고 다방 등의 출입을 금지하였다.

군산의 소화권번은 놀음의 방식이 엄격하게 진행되었다. 놀음에는 꼭 시험을 통과한 기생만이 나갈 수 있었고, 시험에 통과해서도 군산경찰서로부터 허가증을 발급받는 절차를 꼭 거쳐야 했다. 군산지역의 놀음은 주로 시내 죽서동에 있는 명월관과 영화동의 만수장에서 이루어졌다. 기생의 놀음 참여 기회는 연회 주최측이나 권번의 낙점으로 주어졌는데 선배나 동료의 추천에 의해 참가하기도 하였다. 놀음을 행하고 받는 화대는 놀음차 또는 해웃값이라 했다. 해웃값은 권번과 7 : 3 내지 6 : 4로 분배되었다. 군산소화권번은 1937년 2월 7일 박재효에 의해 군산부 동영정 55번지에 자본금 8천 원의 주식회사로 바뀌게 된다.

평양의 기성권번은 부속된 3년 학제의 기생학교를 운영하였다. 대동강 부근에 있었는데 그 부근 일대에 산재해 있는 10여 군데의 대규모 요릿집을 대상으로 운영하였다. 평양에 기생조합이 세워진 것은 1908년으로 이른 시기였다.

기생을 전문적으로 키우던 평양 기생학교에는 10대 소녀들이 모여 가무음곡을 익혔으며, 일제 말기 대동강변의 기생 수효는 무려 500~600명에 이르렀다고 한다. 이는 조선말 '평양관기학교平壤官妓學校'에서. 그 흔적을 찾을 수 있다.[12]

일본인들도 아름다운 평양기생의 공연을 보기 위해 '기생학교'를 관광일정에 꼭 포함시켰다. 이처럼 1937년 당시 평양기생은 국내외를 통해 명성을 떨쳤는데도, 실제로 화대는 서울에 비해 상대적으로 저렴해 시간당 50전이었다. 쌀 한 가마에 20원하던 시절인데 5원정도면 3, 4명이 실컷 즐길 수 있었으니, 유흥객의 전성기였다.

기생들과 함께 놀이하는데 가장 즐겨 사용됐던 것은 뱃놀이였다. 놀잇배 수백 척이 대동강에 두둥실 떠 있다가 손님과 기생이 오르면 모란봉 아래 능라도 주변 등지로 뱃놀이를 시작하는데, 기생들이 창을 시작하면 흥취는 절정에 이른다.

평양 기생학교에 들어가는 동기童妓는 대체로 하류층 자녀로 보통학교를 졸업하는 즉시 기생수업을 받기 시작하며, 기생학교를 졸업하면 권번에 입적되어 손님을 받게 된다.

1937년 기준으로 살펴보면 '기성권번' 총 인원은 252명으로, 그 중에서 휴업이 19명, 임시휴업이 26명, 영업 기생은 207명이었다. 당시 하룻밤에 한 번 불리는 이가 66명, 두 번 불리는 이가 47명, 세 번 이상 불리는 이가 21명, 한번도 못 불리는 이가 71명이었다. 이러한 기성권번은 그 후 조합제로서 주식제가 되면서 기존 기생들의 저항으로 우여곡절을 겪지만, 결국 1932년 9월 23일 윤영선에 의해 평양부 신창리 36번지에 자본금 2만 원의 주식회사로 바뀌게 된다.[13]

전통예능 교육기관으로서의 권번

일제강점기 권번은 기능면에서는 전통예능 교육의 산실이었다. 하규일이 운영하던 조선권번에서는 성악으로 여창가곡, 가사, 시조, 남도소리, 서도소리, 경기십이잡가, 잡가 등과 악기로는 가야금, 거문고, 양금, 장구 등을 가르쳤다. 또 춤은 궁중무용과 민속무용을 망라했고 그 밖에 서양댄스, 서화를 가르쳤다. 기생으로서 갖추어야 할 예능종목은 물론 일반교양까지 포괄하는 다양한 내용으로 짜여 있었다. 이렇게 권번은 전통예능의 전문교육기관으로서의 기능을 톡톡히 해내었다.

평양기생 - 평양협판사진부 발행(Wakizaka Shoten, Heijio)

이를 좀더 자세히 보면 조선권번의 예기 중 경성잡가는 주영화朱永化, 가곡과 조선무용, 그리고 거문고는 하규일, 이도잡가而道雜歌는 양서진楊瑞鎭, 사교댄스는 윤은석尹恩錫, 양금은 김상순金相淳 등이 담당하였다. 한성권번의 경우에는 경성잡가를 주영화, 서도잡가를 유개동柳開東, 가곡을 장계춘張桂春, 사교댄스를 김용봉金用奉, 거문고를 조의수趙義洙, 양금을 김영배金榮培 등이 담당했다. 종로권번은 경성잡가를 오영근吳榮根, 가곡과 조선무용을 황종순黃鐘淳, 서도잡가를 김일순金一順, 사교댄스를 기룡奇龍, 거문고와 양금을 박성재朴聖在 등이 가르쳤다.[14]

옛 조선의 기생은 궁중 향연에 불리어 '선상기選上妓'가 되는 것을 일생의 소원으로 여겼다. 따라서 그들은 권번의 기생과는 달리 금전과는 멀리 떨어져 깨끗한 기생도의 수양에만 온몸과 정신을 쏟았다.

하지만 권번의 기생들은 돈 많은 사나이들을 사귀지 못하게 되면 그날그날의 생활이 문제였다. 그들은 얼굴을 곱게 단장하고 몸치장을 하여서 뭇 사나이들에게 잘 보여야만 그들의 생활문제가 해결될 수 있었다. 여기에 권번 기생에 비애가 있었다.[15]

조선의 기생을 1패·2패·3패로 나눌 수 있었다. 1패·2패는 기생, 3패는 준기생準妓生으로 능력에 따라 1패·2패로 진급할 수 있고, 3패로 떨어질 수도 있었다. 이는 기생이 왕실이나 관아에 소속했을 때의 개념으로 볼 수 있다.

1패는 관기, 2패는 관기에서 첩이 된 자 혹은 관기에 준한 예능의 소지자, 3패는 사창 등으로 보는 관점은 예능만으로 살 수 없게 된 19세기 말의 새로운 개념이다.

이능화의 『조선해어화사』에서는 1패 기생은 궁중연회에 참석하는 기생으로 가장 훌륭한 기생들이고, 2패 기생은 고관대작들이나 선비들을 벗하여 노는 그 다음가는 기생이며, 이들만 진정한 기생이었다. 그리고 3패 기생이란 가장 천하고 추한 종류의 기생계층이라고 지적한다. 그들은 매음도 하고 천한 짓도 마다 않았기에 이를 기생이라고 할 수는 없다고 지적한다. 이 기준은 기생과 창기의 차이가 애매하게 된 시기의 개념이다. 이러한 혼란은 일본 제국주의에 의해 왜곡되는데, 1패·2패·3패의 구분을 '기생단속령'과 '창기단속령'에서는 인정하지 않았다.

1925년 조선총독부 경무국에서 조사한 기생의 숫자는 조선 기생이 3413명, 일본 기생이 4891명이었다. 조선 기생을 출신

도별로 보면 경상남도 1139명, 경기도 626명, 평안남도 469명, 충청북도 11명, 강원도 12명이며 소학교도 다니지 못해 글을 읽지도 못하는 기생은 2780명으로 80%나 되었다.16)

광복 이후 일제강점기에 유명하였던 요릿집 '명월관' '천향원' 등이 재개업을 하면서 전국 5천여 명의 권번 기생도 부활한다. 당시 서울 4대 권번은 삼화·한성·서울·한강 권번으로 예전과 같은 부흥을 꾀하지만, 미군정 시기에 일제 잔재인 '공창의 단속'에 맞물려 청산의 대상이 된다. 미군정 이후에 그 명맥을 서울 2대 권번인 한성·예성 권번이 이어받는다. 하지만 1948년 당국은 가무음곡을 금지하면서 '접대부'라는 제도로 권번 기생을 강제 편입시키게 되면서 기생은 우리 근대사에서 사라지게 되었다.

그 후 기형적인 요정이 생겨나면서, 과거 밀실정치라고 지탄받은 '요정정치'나 일본인에 대한 기생접대 중심의 '기생관광' 등을 통해 기생의 부정적인 이미지만 남게 되었다.

기생, 대중스타로 태어나다

대중매체의 보급과 기생

일제강점기는 우리 민족의 장구한 역사에서 민족의 정통성과 역사가 단절된 특별한 시기였다. 이 시기에 벌어진 식민지적 경제의 파행과 왜곡된 근대화 과정 등으로 정치·경제·문화·사회 등 여러 분야에서 심각한 후유증이 남았다.

오늘날 '근대近代'라는 말은 널리 사용되고 있고, 여러 곳에서 논의되는 말이기도 하다. 하지만 아직 그 개념 규정이나 내용에 관해서는 일치된 견해가 없다. '전근대적인 상태로부터 근대적인 상태로 이행하는 과정' 또는 '후진적 상태에서 선진적 상태로 발전해 가는 과정'이라는 근대화의 정의는 보편적

개념으로 받아들일 수 있다. 특히 근대화의 척도 중에 '대중매체의 광범위한 보급'은 보편적인 근대화의 개념과 구분되는 봉건 사회에서 자본주의 사회로의 이행이라는 근대화 개념을 확인할 수 있는 좋은 예이다.

조선 땅에 1920년대 중반부터 레코드산업이 시작된다. 판소리와 민요 등을 일본에 가서 취입한 사람들은 당대의 명기·명창들이었다. 1925년 11월에 발매한 「조선소리판」이라는 레코드에 당시 유행했던 일본 유행가를 처음으로 우리말로 부른 노래 '시들은 방초(원제: 船頭小唄)'를 취입한 사람은 도월색(都月色)이었고, '장한몽(원제: 金色夜叉)'은 김산월(金山月)이 불렀는데, 이들은 모두 기생 출신이었다. 나아가 1930년대 이후 레코드산업이 본격화되자 당대 명기·명창들은 서둘러 레코드업계로 진출했다.[17] 1930년대에는 스포츠가 볼거리와 유흥의 대상으로서 등장하기 시작했고, 미국 영화의 상영으로 도시적 감수성, 서구화된 육체와 성에 대한 개방적 관심이 증폭되었으며, 이에 따라 '모던 걸'과 '모던 보이'가 거리로 쏟아져 나왔다. 이에 맞추어 '카페'도 보급되었고, 기생출신 '카페'의 여급도 많이 늘었다. 요릿집보다 카페에 손님 수요가 많아지자, 권번의 기생들은 차츰 화류계에서도 밀리는 상황을 맞는다.

이 시기에 평양 기생 출신에서 대중스타로 변신한 왕수복(1917~2003)의 등장은 주목할 만하다. 왕수복이 태어난 시기는 3·1운동에 위협을 느낀 일제가 종래의 무단정치 대신 표면상으로는 문화정치를 표방하던 때였다. 일제는 서둘러 관제를

왕수복 데뷔 시절 사진(1933년)

고치고 조선어 신문의 발행을 허가하는 등 타협적 형태의 정치를 펴는 듯하였으나, 내면으로는 민족 상층부를 회유하고 민족분열통치를 강화하였다. 동아일보, 조선일보, 시대일보 등 우리말 신문 간행이 바로 이러한 문화정치의 산물이다. 이런 시대적 배경을 뒤로 하고, 왕수복은 12세에 평양 기성권번의 기생학교에 입학하고 졸업 후에 레코드 대중가수로 진출하기 위한 준비를 한다. 이어 왕수복은 콜롬비아에서 폴리돌레코드로 소속을 바꾸면서 '유행가의 여왕'으로 등장한다.

왕수복은 건장한 몸집과 같이 목소리도 우렁차고 기운 좋고 세차게 나왔다. 특히 평양 예기학교, 즉 기생학교를 졸업한 만큼 그 넘김에는 과연 감탄하지 않을 수 없고 본 성대가 아니라 순전히 만들어 내는 성대이면서도 일반대중에게 열광적 대환영을 받아 「고도의 정한」은 조선 최고의 유행가가 되었다. 레코드 판매도 조선 레코드 계에 있어서 최고를 기록했다. 왕수복이 평양 기생으로 세상을 놀라게 하는 대가수가 되자 콜롬비아·빅타 등 각 레코드 회사의 가수쟁탈전은 평양 기생들을 싸고 전개되는 양상을 띠었다.

이와 함께 한국음악사에서 매우 중요한 1930년대가 열리고 있었다. 근대음악사의 발전 과정에서는 그 시대가 새로운 대중음악을 등장시킨 하나의 전환기였고 그 중요한 획을 그은 이가 평양 출신 기생 왕수복이었다. 이처럼 급격한 사회변동에 따라 생성된 새로운 대중음악의 등장은 그 시대를 앞 시대와 구분

기생 왕수복의 폴리돌레코드 신문광고 「동아일보」(1933.10.2.)

짓도록 만든 전환기적 사건이었다. 이는 송방송宋方松이 「한국 근대음악사의 한 양상」에서 언급한 것처럼, 바로 지금의 대중가요의 뿌리에 해당하는 유행가·신민요·신가요·유행소곡 등과 같은 새로운 갈래의 노래들이 이 시기에 작사자와 작곡가들에 의해서 창작됐다는 사실 때문이다. 새 노래문화의 창작자들이 출현했다는 사실은 음악사적 관점에서 보면 일제강점기 이전에는 없었던 명백한 증거물이라는 점에서 커다란 의미를 지닌다. 이러한 흐름 속에서 1930년대 본격적으로 작곡가에 의해 새로 등장한 '신민요新民謠'라는 성악의 갈래는 일제강점기 전통 민요와 유행가의 중간 다리 역할을 맡았던 전환기적 시대 산물이라고 볼 수 있다.

신민요의 등장은 근대의 단초를 제공한다. 왜냐하면 근대화는 전통적 사회에 내재된 전통적인 바탕 위에서 외재적인 요소를 가지고 변질 또는 변형시키는 과정을 보여주기 때문이

다. 신민요는 전통적인 문화에 외래적인 문화가 더해진 문화적 종합화라고 보아야 한다. 이처럼 레코드 산업의 등장은 새로운 수요를 창출할 뿐 아니라, 새로운 가수의 등장을 예고하기도 했다. 그것은 기존의 서양음악가나 전통음악가와 달리, 새로운 수요에 적극적으로 응대할 수 있는 유행가 가수를 의미하는 것이었다. 1928년에서 1936년 사이에 콜럼비아, 빅타, 오케이, 태평, 폴리돌, 리갈, 시에론 등 각 레코드사들은 음반 제작에 기생 출신의 여가수들을 잇따라 참여케 함으로써 1930년대 중반 레코드 음악의 황금기를 장식했다.

왕수복이 첫 전성기로 '10대 가수'의 여왕이 된 1930년대를 중요한 전환점으로 볼 수 있다. 봉건적 잔재의 전근대 표상이었던 '기생'이 근대의 표상으로 일컬어지는 대중문화의 '대중스타'로 바뀌어는 과정은 바로 근대 사회로의 변화 모습이다. 레코드 축음기의 보급은 대중매체의 광범위한 보급으로 설명할 수 있으며 그 레코드 가요의 주축 팬은 기생들이었다. 기생들은 레코드에서 배운 노래를 술자리에서 불러 유행에 도움을 주어 레코드회사에서 보면 큰 고객이었고 이에 따라 판매 전략이 세워지는 것이었다. 결국 대중문화를 이끌어가는 한 축이 바로 전근대 표상이었던 기생이었기에, 기생출신이었던 왕수복, 선우일선, 김복희 등 3명이 1935년 발표한 『삼천리』 잡지 10대 가수 순위에서 5명의 여자 가수 중에 1위, 2위, 5위를 차지하며 대중 유행가의 여왕으로 부상하게 되었던 것은 어쩌면 당연한 일이었다.

1937년 21세의 왕수복은 폴리돌레코드와 결별하면서 일본 우에노 동경음악학교 벨트라멜리 요시코의 영향으로 조선민요를 세계화한다는 포부를 가지고 이탈리아 성악을 전공하게 된다. 그녀는 1959년 43세에 북한에서 공훈배우 칭호를 받고, 마침내 2004년 애국열사릉에까지 묻히게 되었다.

화려한 연예인 스타의 선조

기생은 오늘날 연예인의 선조다. 재주와 끼도 많고 스캔들도 만들고, 대중 인기의 수명을 가졌다. 항상 안정된 삶을 위해 은퇴를 생각하고 멀티플레이어의 전형으로 자신의 영역을 넓히려고 한다. 레코드 가수로 성공하면 영화에 진출하고, 경성라디오방송에 출연하기를 좋아하는 것이 그 좋은 예다. 그러면서도 사생활을 밝히기 싫어하며, 예뻐지기 위해 뭐든 하였다. 그 당시 잡지와 신문의 연예란은 그들을 봉건적인 타파의 대상이 아니라 근대의 대중스타로 대우해주었다.

이처럼 권번에 소속된 기생들은 라디오의 음악방송에 주로 출연하고, 축음기의 음반을 취입하여 대중적 인기 가수의 반열에 올라선 이들도 있었다. 초창기 영화도 기생 출신의 영화배우가 중심이었으며, 각종 전람회와 박람회에 흥을 돋우기 위한 예능의 기예도 각 권번의 기생들의 몫이었다. 1900년 '파리 만국박람회'에 조선의 특산품으로 기생을 출품하려고 한 당시의 상황만 하더라도 이를 단적으로 보여 준다.

또한 경인철도 개통 초기에 손님이 거의 없자 철도회사는 승객을 유치하기 위해 궁여지책으로 '평양명기 앵금' '인천기생 초선'하는 식으로 주요 역 정거장 마당에 기생 이름을 적은 푯말을 꽂아놓고 일종의 라이브 공연을 벌였다. 더 나아가 기차 칸칸마다 타고 출발역에서 종착역까지 오가면서 승객 유인에 한몫을 했다. 당시 신문광고에 등장하는 제품광고 및 잡지, 행사 포스터의 표지 사진, 웨이브 파마 등도 기생들이 주축이었다.

광고 모델의 이미지는 광고를 의뢰한 회사가 즉시 어떠한 메시지를 전달하고자 할 때 매우 중요한 요소가 된다. 이러한 중요한 역할을 담당한다는 것은 인지도 면에서 비교적 파급력이 크다는 것을 의미하는데, 일제시대에 기생들은 그러한 면에서 조건을 만족시키는 사회적 계층이었던 것이다.

일제시대에 기생이 등장하는 신문광고는 거의 대부분이 미용과 관련된 제품이다. 일반적으로 샴푸, 비누, 화장품의 광고는 대부분 기생이 등장한다. 기생에 대한 인식이 바뀌기 전까지 아마도 이들은 지금의 연예인과 같은 존재였을 것이다. 외양이 아름답고 가무에 소질이 있으며, 이들의 삶의 이야기와 에피소드는 곧바로 대중의 화젯거리가 되고 일반적 여성들에 비해 미용과 패션, 화장 등 미적인 면에

평양명기 김옥란의 은단 광고 포스터

서 월등히 시대를 앞서나가며 유행을 선도해 나간다는 점에서 볼 때 이들은 지금의 여자연예인과 같은 존재로 인식된다. 분명 조선의 일반 여인들은 이들의 이러한 면을 부러워하고, 또 따라하고 싶었을 것이고 광고를 하는 회사들은 바로 이점을 놓치지 않았다.

장연홍의 '미활비누' 광고

초창기의 인쇄광고는 사진을 쓰지 않았으며, 1920~1930년대는 광고에 모델을 등장시킨 지 얼마 되지 않았을 때이다. 이들이 광고하는 제품을 통해 당시 일반 대중이 받아들였던 기생의 이미지를 미루어 짐작해 볼 수 있다.

기생을 모델로 한 광고의 형태나 그 소구방식은 놀랄 정도로 현재와 흡사하다. 많은 여자연예인 중에서도 정확히 그 제품의 이미지와 맞는 인물을 찾아내 돈을 더 주고서라도 광고 모델로 지목하는 지금의 모습과 그리 다르지 않다.

'얼짱 기생' 장연홍은 최고의 광고 모델로 손색이 없었다. 아름답고 복스런 웃음을 가진 인기 최고의 화초기생이었던 그녀의 이미지는 깨끗하고 맑은 이미지의 비누와 신제품 화장수에 잘 들어맞았다. 장연홍의 사진과 함께 써있는 "한 번 두 번에 살 거친 것, 벌어진 것, 주름살은 꿈같이 없어지고 백분이 누구의 살에도 잘 맞도록 화장이 눈이 부시게 해 줍니다. 이렇게 여천으로 만들어낸 화장미는 당신을 훨씬 젊게 만듭니다"라는 다소 허무맹랑하고 직설적인 광고 문구는 마치 깨끗하고 선하며 순수한 이미지를 가진 그녀가 직접 귀에다 속삭이는 듯한 기분이 들게 함으로서 그 광고효과를 톡톡히 누리고 있다.

'미활비누'는 장연홍뿐만 아니라 김영월, 김화중선 같은 다른 인기있는 기생들을 포함한 여러 모델들을 두었다. 또한, 그 모델들의 사진 옆에는 "나의 애용하는 (중략) 미활비누"라는, 광고 모델 기생이 직접 이용하고 있다는 뉘앙스를 풍기는 문구를 주로 적어놓았다. 이것은 분명 기생들의 순백의 피부가 당대 여성들에게 부러움을 샀었고, 그 아름다움이 모두에게 인정될 만큼 매우 빼어났었다는 것을 짐작하게 한다.

기생들의 빼어난 얼굴뿐 아니라 비단결 같은 머릿결도 광고의 소재로 빠짐없이 이용되었다. 노은홍을 모델로 등장시킨 '화왕샴푸' 광고는 그녀의 미발 비결을 화왕샴푸라고 소개하고 "일주일 화왕샴푸로 세발하면 기분을 명랑케 하고 발륜을 빛나게 합니다"라는 경쾌한 문구를 적어놓았다.

이렇게 개화의 물결이 넘친 1920년대 또는 1930년대에 여인들이 사용한 향장품은 동백기름, 백분, 연지 정도가 전부였

김영월의 미활비누 광고

는데, 이 가운데서도 머릿기름으로 가장 많이 썼던 동백기름은 여인들의 필수품으로 윤택하고 건조가 잘 안되어 머리를 길게 땋거나 쪽지는 데 긴요했고 후에 상표를 달고 샴푸로 개발되었다. 이러한 몇 안 되는 미용 관련 상품의 신문광고에는 당대 인기 있던 기생들이 빠지지 않고 등장하였고 주로 얼굴을 강조하는 상반신 사진이나 클로즈업 사진을 사용하였다. 복장은 한복으로, 머리의 모양은 찰랑찰랑한 머릿결을 강조하는 샴푸의 광고에서도 쪽지게 가르마를 탄 한 갈래 묶음머리를 벗어나지 않은 모양이었다.

당시의 권번 기생들은 현재의 연예인처럼 방송, 음악, 영화, 광고, 행사 도우미 등 활발한 활동을 전개하였다. 권번은 지금의 연예기획사나 매니저의 역할을 한 것으로 볼 수 있다. 또한 권번 기생은 당국의 '기생영업인가증'을 받아야 했는데, 오늘날 '개인사업자등록증'처럼 생각할 수 있다. 웃음과 기예를 팔던 기생을 대신하여 권번이 화대를 받아주고 이를 7 : 3의 배분으로 나누어 가진 상황이 요즈음 연예인들과 얼마나 흡사한지는 일일이 열거하기 어려울 정도다.

당시 미술대학에서 동양화, 서양화의 모델도 권번의 기생에서 찾기가 쉬웠다. 이당 김은호 선생이 1939년 남원

일본 화왕샴푸 광고를 한 평양기생 노은홍(「동아일보」 1935.8.14. 광고)

광한루에 있는 춘향사당에 모실 춘향의 초상을 그릴 때도 조선 권번에 나가던 기생 김명애를 모델로 삼았다고 한다.

요릿집에 불려가는 기생의 전용물하면 떠오르는 것은 바로 인력거. 택시가 갈 수 없는 골목길도 다닐 수 있고, 도심의 웬만한 거리는 택시보다 요금이 저렴했기 때문에 인력거는 계속 이용되었다. 하지만 전차보다 속도도 느리고 한 사람밖에 탈 수 없다는 한계 때문에 구시대 유물로 밀려나기 시작했다. 대부분 인력거를 타면 휘장을 내리고 타지만, 기생들은 자신을 선전하고 과시하는 목적으로 휘장을 치지 않고 다녔다. 인력거꾼들은 기생들을 요릿집으로 나르면서 그들의 수입이 좋다는 것을 알고서는, 자신의 딸들을 키워 동기童妓로 입적을 시키는 일도 많았다.

놀랄만한 권번 기생의 수입

1930년대 기생 수입은 당시 다른 직업보다 상당히 많았다. 기생은 1시간 당 실수입이 1-1.2원이며, 한 달 동안 화대수입은 평균적으로 100-200원이 넘었다. 당시 쌀 1가마에 7-8원 하였는데, 거기에 비하면 화대는 싼 것이 아니었고 한번 가면 3-4시간에 5-6원의 벌이는 되었다. 그러나 어쩌다 돈 잘 쓰는 한량을 만난다든지, 그 기생한테 마음이 있는 남자를 만나게 되면 그 기생한테 호의를 보이느라 화대를 특별히 많이 주기도 하였다. 권번에는 물론 규정대로의 수수료만 내면 그만이

종로권번		조선권번		한성권번	
1. 최금란(崔錦蘭)	1875원	1. 박소향(朴小香)	396원	1. 정월(鄭月)	523원
2. 박송자(朴松子)	1850원	2. 김은옥(金銀玉)	346원	2. 정운중월(鄭雲中月)	468원
3. 설명희(薛明姬)	1836원	3. 엄산월(嚴山月)	337원	3. 한옥향(韓玉香)	324원
4. 고봉(高峰)	1448원	4. 성추월(成秋月)	314원	4. 최도화(崔桃花)	312원
5. 김명주(金明珠)	1396원	5. 이덕화(李德華)	313원	5. 권계홍(權桂紅)	307원

1937년 하반기 서울 소재 기생의 수입[18]

었으므로, 기생의 수입은 당연히 많아지게 되었다.

그 시기 일반인들에게는 전차가 대중교통 수단이었다. 일부 계층의 사람들이 인력거를 이용하고 있었으며, 부유한 사람들은 인력거를 자가용으로 가지고 있었다. 자동차는 워낙 비싸서 특수한 층에 있는 사람들만 소유할 수 있었다. 차츰 영업용 자동차 수가 늘어나면서 서울 교외로 드라이브하는 것이 당시 유행이 되었다. 여기에 빠짐없이 등장하는 것이 기생들이었다. 요릿집에서 1차를 하면 그 다음은 대부분 교외에 있는 경치 좋은 절간으로 기생들을 태우고 드라이브하면서 2차 주흥을 즐기곤 하였다.

전차는 대중적 요금으로 누구나 탈 수 있었기에 운행 초기의 거부감을 없앨 수 있었던 반면, 자동차는 부유한 사람들에게 있어 자신을 과시하는 수단이었기에 일반인에게는 부정적으로 비쳐졌다. 더구나 기생들을 함께 태우고 가는 택시의 경우에는 당시 신문 사회면에서 몹쓸 일을 저지르는 것처럼 지탄을 받기도 하였다. 급기야는 총독부에서 "경성에 있는 권번 기생은 자동차에 타면 처벌한다"는 조치가 내려질 정도로 사회적 문제가 되었다.

이 무렵 술 마시는 풍습은 주로 요릿집에서 1차를 하고 에인젤, 낙원회관, 퀸 등 카페와 바에서 2차를 하는 것이었다. 여흥이 도도한 일부는 '콜택시'를 불러 1-2원을 들여 한강변이나 근처의 절간에 드라이브하기도 했다. 주로 찾는 곳은 동대문 밖 개운사, 우이동의 화계사, 청량리의 청량사, 보문동의 미타사와 탑골승방 등이었다.

1930년대에 '단발미인'이라는 용어가 널리 퍼질 만큼 이전 시대부터 실행해온 단발이 신여성들 사이에 크게 유행했고, 웨이브를 주는 파마까지 등장해 퍼져나갔다. 처음에는 화력을 이용한 '고데'를 하는 바람에 모발이 많이 손상되었지만 서구에서 파마 기구가 수입되면서부터는 한층 안전하고 편리해졌다. 당시 파마의 가격은 쌀 두 섬에 해당할 정도로 엄청났지만, 주로 기생을 선두로 해서 차츰 확산되었다.

기생 자선 연주회, '온습회'

오늘날 국악에서 여성 음악가의 전성시대를 맞게 된 그 배경에는 일제강점기에 활약한 기생들의 예술적 공헌이 적지 않다. 여류 명창이 등장한 이후 그녀들이 '과연 예술가인지, 재주 있는 기생인지'에 대해서 늘 논란이 되어 왔었다. 그러나 누가 뭐래도 여류 명창은 '예술인'이다. 권번의 기생이라는 과정을 거치지 않고는 창악계에 나설 수 없는 당시 사회 여건을

감안한다면 그러한 여류 명창들에 대해 반드시 긍정적인 자세로 이해할 필요가 있다.[19]

더구나 권번 기생들은 전통춤의 계승자로 각종 공연을 통하여 전통예능 교육의 기능을 담당한다. 그 공연의 명목은 '음악무도대회' '기생조합연주회' '고아원 및 학원 후원연주회' '이재민구조연주회' 등 다양한 타이틀로 공연되었다. 음악무도대회는 대중적인 연예물과 민속 예능 중심의 공연물에 기생들의 춤이 첨가된 공연이었다. 기생들의 공연에서 가장 비중 있는 연주회가 바로 기생조합연주회였다.

기생조합연주회는 대개 각 기생조합에서 주최하는 것으로 조합 내지 권번에서 기생영업을 보다 활성화하기 위해 마련한 것으로, 기생들의 기예 솜씨를 뽐내는 자리이기도 했다. 기생조합연주회는 권번시기에 접어들어 온습회溫習會라는 이름으로 계속 유지되었다. 온습회는 매년 봄과 가을 두 차례에 걸쳐 기생들이 권번에서 갈고 닦은 기예의 실력을 발휘하는 장이었는데, 기생들의 합동공개발표회이자 일종의 경연대회의 성격을 띤 행사였다. 특히 평양 기생학교는 서울 단성사에서 매년 졸업발표회를 통하여 3년 동안 연마해온 각종 기예를 공연하였다. 평양의 기성권번에 부설된 기생학교는 3년제로 정규 기생학교보다는 '기생양성학교'라는 측면으로 보는 것이 더 정확하다.

고아원후원연주회는 1907년 경성고아원 경비조달을 위한 기생연주회에서 시작되어 이후 각종 학교의 신축 및 자금조달을 위한 연주회로 파급되었다. 이재민구조연주회는 기근이나 천재지변으로 인해 곤경에 처한 이재민을 돕기 위한 공연이었다. 특히 기생들에 의한 고아원 및 학원 후원연주회나 이재민구조연주회는 기생에 대한 사회의 부정적 인식을 제고하는 데 크게 기여하였다.

이러한 자선 연주회는 권번의 사회적 기능으로 '삭회'와 함께 중요한 역할을 하였다. 매월 초 삭회라는 모임에서는 권번의 제반 의결사항을 듣고 준수해야 했다. 삭회가 열리면 제일 윗자리에 1향수가 자리 잡고 그 좌우에 2향수와 3향수가 나란히 앉으며 좌우에 기생들이 연배 순으로 두 줄로 마주 보고 앉았다.

삭회에서 토의되는 안건은 여러 가지가 있지만 특히 손님 접대에 나갔던 기생들의 실수나 기생의 위신을 떨어뜨리는 행위를 한 것에 대한 비판이 주를 이루었다. 삭회에서 지적당한 기생은 그간의 사유를 설명하고 변명했으며 그때마다 선배들이 잘잘못을 가려 처신방법을 가르쳐주기도 했다.

가령 어느 기생이 어떤 사람과 눈이 맞아 같이 사는 경우, 그 기생의 부모가 그런 남자에게는 딸을 맡길 수 없다고 권번에 와서 항의한다면 권번은 그 기생을 남자의 품에서 다시 빼앗아 온다 해도 아무런 항의를 못할 정도로 권번의 권위는 대단했고, 삭회 또한 영향력이 절대적이었다.

한번은 동료 기생이 당시 이름을 날리던 배우 임성구를 좋아하던 끝에 달콤한 사랑에 빠지게 되었다. 그런데 그 기생의 어머니가 권번에 항의하는 바람에 권번은 삭회 때 그 기생을 불러 무릎을 꿇게 하고 다시는 그런 행동을 하지 않겠다는 혈서를 쓰게 하여 다짐받았던 일도 있었다. 삭회가 이처럼 절대적인 권위를 갖고 엄한 분위기 속에서 진행된 측면이 있지만, 그렇다고 항상 딱딱하기만 한 것은 아니었다. 삭회는 1년에 한 번 소속 기생들에게 상을 내리기도 했다. 그 해에 행실이 제일 모범이 될 만 했다든지, 동료 사이에 우정을 베풀었다든지, 의로운 일을 했다든지, 노래와 춤에 놀랄만한 진경을 보인 기생에 대해서는 푸짐한 상금과 상품이 주어지곤 했다.

그때 주는 선물은 대개 은수저나 금반지였다. 이것을 받은 사람은 무척 영광으로 알았고 손님들도 또한 이런 것을 갖고 있는 기생에 대해서는 예의를 갖추고 함부로 굴지 못했다. 권번에서 하는 행사 중에 연주회라는 것이 또한 이채로운 것이었다. 매년 1회 혹은 봄·가을을 택해 2회 정도 여는 이 연주회는 권번 자체의 수익성 있는 행사로도 생각되지만 또 다른 의미에서는 신출내기 기생의 데뷔 무대가 되기도 하고 고참들은 이미 닦은 연기를 과시할 절호의 기회가 되었다.

그 무렵 대정권번은 300명 정도의 기생들이 이름을 올려놓고 있었다. 연주회 때에는 각자 자기의 특징을 십분 살린 프로그램을 갖고 나가기 때문에 일대장관이었고 장안을 술렁거리게 하기에 족한 대잔치였다. 연주회가 가까워 오면 각자는 저마다 평소에 쌓은 실력을 다시 다듬고 일부는 새 옷을 장만하는 등 한동안 부산한 나날을 보냈다.

고대하던 연주회 날이 되면 주로 연주회 장소로 사용되던 단성사 앞에는 사통팔달로 늘어진 만국기가 펄럭이고 장안의 한량들은 떼 지어 모여 들었다. 이때 입장료는 1원에서 50전이었는데 결코 싼값은 아니었지만 관람객들은 장안 명기들의 춤과 노래를 즐기는데 이 돈은 아깝지 않다 여기고 자리를 메웠다.

막이 오르면 날렵한 몸매로 기생들이 나와 춤과 노래를 뽐내 관객들을 황홀케 했고, 돈깨나 있는 양반들은 평소 마음에 둔 기생에게 선심 쓸 기회를 만났다. 춤이나 노래가 무척 마음에 들었다든지, 평소 가깝게 사귀어온 기생의 이름과 10원에서 20원 정도의 돈을 끼워 주최 측에 전하면 그 기생의 이름이 무대 위 채 접어 올리지 않은 막 위로 즐비하게 늘어 붙기 시작했다.

인기 있는 기생의 이름은 수없이 나붙어 인기를 재는 척도가 되었다. 또 이름이 나붙은 기생은 더욱더 신바람이 나게 마련이다. 돈을 뿌린 손님은 느긋한 마음으로 관객석에서 박수로 성원했으니 무대와 관객석이 혼연일체가 된 가운데 연주회는 무르익어갔고 해마다 성황을 이루었다. 또한 여기서 이름이 나붙기 시작한 신출내기 기생은 데뷔에 성공한 셈이 되는 것이었으니 선배와 후배가 모두 정성을 다하는 연주회가 되었던 것이다.

이처럼 기생들의 이름은 무대 위에 즐비하게 나붙지만 그 밑에 받쳐 들어온 돈은 권번에 기부하게 되었으므로 연주회에서 들어오는 권번의 수입 또한 만만치 않았다. 권번은 자칫하면 깨지기 쉬운 기생들의 자세를 바로잡는 삭회를 앞바퀴로 하고 기예를 발휘하는 연주회를 뒷바퀴로 하여 조심스럽게 세파를 헤치고 연륜을 쌓아갔다.

 1920년대 후반부터 기생업의 전반적 분화가 이루어졌다. 과거 전통 무용과 음악만을 전수하던 기생은 이후부터 음악기생, 무용기생, 문학기생, 극단 여배우, 대중가요 가수, 화초기생, 방석화랭이 등으로 분화된다. 따라서 1920년대 전기까지 지속되었던 '기생-전통가무'라는 관계는 깨지고 나아가 '기생-대중예술 일반'의 관계가 성립된다.[20]

평양 기생학교 방문기

    1930년대 일제강점기에 조선을 방문하는 관광단이 가장 보고 싶어 하는 것 중의 하나가 기생이었다. 당시 '조선색 농후한 전통적 미를 가진 기생'을 볼 수 있는 곳은 평양 기생학교 뿐이라고 해도 과언이 아니었다. 사실 평양 기생학교는 본래 명칭이 '평양 기성권번箕城券番 기생양성소'인데 3년 학제로 운영되었다. 대동강 부근에 있었고 그 부근 일대에 산재해 있는 10여 군데의 대규모 요릿집을 대상으로 운영하였다.

    1930년 수양버들이 축 늘어진 연광정에서 서쪽으로 돌아 한참 가노라면 채관리가 나오고 그곳에 평양 기성권번의 부설 기생학교가 구름 속 반달 모양으로 자리한다. 정문에 발을 들여 놓으면 시조와 수심가 가락이 장구에 맞추어 하늘 공중 둥

평양 기생학교 관람 사진엽서

둥 높이 울려 나오고 연지와 분과 동백기름 냄새가 마취약같이 사람의 코를 찌를 정도였다.

당시 3년 동안의 교과 내용은 학년마다 달랐다. 1년급 아이들에게는 우조羽調, 계면조界面調 같은 가곡을 가르친다. 평시조, 고조高調, 사설조詞說調, 그 밖에 매·란·국·죽 같은 사군자와 한문 운자韻字에, 조선어, 산술 등을 가르친다. 2년급 때에는 관산융마關山戎馬나 백구사白鷗詞, 황계사黃鷄詞, 어부사漁父詞와 같이 조금 높은 시조에다가 생황, 피리, 양금과 거문고, 젓대 같은 즉 관현악을 가르쳤다. 3년급 때에는 양산도나 방아타령 같은 것은 수준이 낮다고 하여 가르치지 않았으며, 부르는 손님들의 요구로 춤과 함께 승무와 검무를 배웠다. 처음에는 발 떼는 법, 중둥 쓰는 법 몸 놀리는 법에만 약 20일이 걸렸다. 또 신식 댄스는 저 배우고 싶으면 배우게 하였다.

졸업 후에는 서울이나 신의주, 대구로 진출하고 180여 명의 졸업생 중 70% 정도는 외지로 갔다. 기생학교로 입학하러 오

평양 기생학교 수업 장면

는 학생들은 평양아이도 많았지만 서울이나 황해도, 평안도에서도 많이 왔다. 노래는 박명화朴明花, 김해사金海史라는 두 명기가 가르치고 그림은 수암守巖 선생이 가르쳤다.[21]

4년 뒤 1934년, 학생 수가 250명으로 늘어나 교수 과목도 변화가 생겼다. 당시 평양 기생학교의 교수 과목은 아래와 같은데, 의외로 무척 많이 배운다는 것을 알 수 있다. 여기는 모두 보통학교 6학년을 마친 13살 이상 15살까지의 아이들을 받는다. 여기도 여학교 모양으로 학기도, 월사금도 있었다. 월사금은 1학년 한 달 2원, 2학년 2원 50전, 3학년 3원이었다. 입학금은 3원씩 있다.

학기는 제1학기 4월 1일부터 8월 31일, 제2학기 9월 1일부

학년	과목
1	가곡, 서화, 수신, 창가, 조선어, 산술, 국어
2	우조, 시조, 가사, 조선어, 산술, 음악, 국어, 서화, 수신, 창가, 무용
3	가사, 무용, 잡가, 창가, 일본패, 조선어, 국어, 동서음악, 서화, 수신, 창가

평양 기생학교 교수 과목

터 12월 31일, 제3학기 1월 1일부터 3월 31일로 되어 있었다. 그리고 이 학교의 교장은 기성권번 사장이 겸임하였다. 그리고 기생학교가 평양의 한 명물로 자리 잡아, 상해·남경 등지로부터 오는 서양 사람이나 동경·오사카 등지에서 오는 일본 사람이나 서울 기타 각처로부터 구경 오는 귀한 손님들이 그칠 새가 없이 구경하러 찾아왔다고 한다.[22]

일제강점기에 학교는 보안경찰의 감독하에 있었다. 일제 황국신민의 맹세를 하고 여자들은 국방부인회원이 되었다. 그런 시대상황에서 술자리의 꽃이 되어 웃음을 파는 기생을 양성하는 학교에서는 바야흐로 기생은 대대로 내려오는 직업부인이므로 이에 필요한 직업교육을 행한다고 설립취지를 설명하였다.

이에 기생학교에서 가르치는 것은 '기예妓藝' '기술妓術' 그리고 더 나아가서 '기학妓學'이라고까지 언급하고 있었다.

평양 기생학교 서양댄스 공연 연습 장면

교시	월	화	수	목	금	토
1	국어(國語)	국어	작문(作文)	회화(會話)	사해(詞解)	사해
2	서화(書畵)	서화	서화	서화	서화	서화
3	가곡(歌曲)	가곡	가곡	가곡	가곡	가곡
4	내지패(內地唄)	내지패	내지패	내지패	내지패	회화
5	잡가(雜歌)	작법(作法)	잡가	성악(聲樂)	잡가	
6	가복습(歌復習)	음악(音樂)	가복습	작법	가복습	

1939년 평양 기생학교 3학년 수업시간표

위의 표는 1939년 당시 평양 기생학교 210명의 제3학년 수업시간표로 내지패는 '일본창'을 말한다. 여기에 표시되어 있지 않은 학과로는 1학년의 창가와 무용, 2학년의 시조와 악전이 있다. '기학妓學'이라는 하나의 학문이라고 주장할 정도로 다양하였다.

학생들은 창으로 유명한 선배 기생이나 여선생들로부터 각각 자신들이 잘할 수 있는 분야에 따라 나뉘어 가야금을 비롯한 여러 장기를 단계에 맞춰가며 전수 받았다. 처음에 소리 내는 방법부터 시작하였으나 소리 내는 일이 무척 어려워, 그 다양한 음색을 내기 위해 3-4개월씩 밥도 먹지 않고 수련을 했다고 한다. 그리고 맞춤소리의 맞춤법이나 무릎을 치는 방법 등을 하나하나 손놀림, 다리놀림의 규범을 보여 주며 가르쳤다. 50-60명의 여학생들이 이를 따르며, 적당하게 어깨를 흔들며 태평스럽게 노래를 제창하였다.

당시 기생학교의 무용은 검무와 승무로 상당히 유명하였다. 1930년 후반부터는 손님들 사이에 고전적인 취향이 엷어져 가는 경향을 반영해 명목상으로만 가르쳤다. 기생들이 가장 관심있었던 서비스 방법이나 손님 남자들 다루는 방법은 '예의범절'과 '회화' 시간에서 배웠다. 걷는 법, 앉는 법에서부터 인사법, 술 따르는 법, 표

1930년 후반 평양 대동강변에 있는 기생학교를 배경으로 포즈를 취한 평양기생 사진엽서

정 짓는 법에서 배웅하는 법 등 연회좌석에서의 일거수일투족에 대해서, 부엌에서 손님 접대 방법을 구분해서 상세하게 강의하였다.

물론 이 정도의 기법만으로 기생의 임무를 잘 수행해 낼 리는 없지만 타고난 소질이 있다면 별 반 문제는 없었다. 그렇지만 확실히 기생들은 남자의 마음을 끄는 기술에 관한 한 한 가지를 가르치면 열 가지를 아는 타고난 무엇인가가 있었다. 게다가 기생들 주위에는 뛰어난 기생 선배들이 항상 모범을 보이고 있고, 학교는 권번사무소와 한 지붕 아래에 있었으며 대기실에서는 언니들이 관능적인 이야기로 꽃을 피우고, 집이 기생거리에 있었던 만큼 집에 돌아오면 그들 자신의 언니들이 기생이 아니어도 주변 여기저기서 듣고 뒷이야기들을 전해 줄 수 있었다. 이와 같이 기생들은 겉과 속이 있고, 진실과 거짓도 있는 기생다운 기생으로 성장해 나갔다고 한다.[23]

기생과의 만남, 그 공간

기생 사진엽서의 공간

기생 사진은 대부분 일제시대에 대량으로 생산된 우편엽서들을 통해 만날 수 있다. 관광용 우편엽서는 19세기에 등장한 근대적 관광산업의 부산물임과 동시에 사진과 인쇄기술이 결합된 최초의 복제품이다.

사진과 사진엽서는 사실적인 이미지를 통해 대중들에게 다른 민족들의 풍속과 문화를 한 눈에 보고 소유할 수 있는 기회를 제공했다는 점에서 새로운 차원의 근대적 시각 이미지이다.[24] 특히 식민지의 문화와 풍속을 담은 관광용 우편엽서는 그것을 만든 일본 제국주의의 일방적인 시각과 관광산업의 전

략들을 드러낸다는 점에서 '인류학에 대한 축소된 경험'이라 지적된다.25)

사진엽서 속에 나타난 기생 이미지를 통해 한복을 입은 여인으로 대표되는 '조선전통'의 이미지가 일본의 조선 타자화 과정에서 만들어지고, 동시에 일제의 맥락뿐 아니라 여성과 남성이라는 성性의 맥락 속에서 근대적 볼거리의 대상물이 되어 온 이중의 질곡을 지닌다.

권번 기생 박설중월 사진

사진엽서는 체계적인 연구대상이 되지 못하고 있는 실정이다. 따라서 체계적인 자료 접근이 어렵고 특히 우편엽서의 성격상 그 제작연대나 제작 장소, 엽서에 쓰인 사진의 촬영연대나 사진가 등을 밝혀내는 일이 쉽지 않다. 현재 남아 있는 사진엽서들은 전반적으로 1910~1935년에 걸쳐 제작된 것으로 추정된다.

차츰 조선 현지에서도 이러한 엽서를 제작하면서 조선에 온 일본인 관광객들은 이 8장짜리 기생 사진 세트를 조선 토산품 가게에서 손쉽게 사가지고 갔다. 이를테면 요즈음 일본인들이 '욘사마' 배용준의 사진을 사는 것과도 같은 맥락으로 보인다. 인천의 한 엽초판매회사에서는 자사의 담뱃갑 표지 5장을 모아오면, 당시 영화를 보여주면서 조선기생들의 사진엽서를

사진엽서 A형

사진엽서 B형

사진엽서 C형

8장씩 나누어 주기도 했다.

권번의 기생 사진은 원판 흑백사진을 제작하고, 이를 토대로 다양한 그림엽서가 제작되었다고 유추할 수 있다. 이는 다음과 같이 아래의 사진을 분석하면 추측이 가능하다.

A형은 원판 흑백사진인데 이를 B형의 다른 각도 흑백사진과 비교하면 같은 장소와 인물임을 알 수 있다. C형은 B형의 다른 각도 흑백사진을 편집하여 그림엽서로 만들어 판매하거나 홍보하는 데 사용한 것임을 알 수 있다.

사진이 도입되는 초창기에 카메라 앞에 무표정한 모습으로 서 있던 기생들은 시대가 내려올수록 친근한 미소를 지으며 다양한 포즈로 자신을 드러내기 시작하였다. 그리고 1920년대, 1930년대로 오면서 '조선풍속'이나 '기생'이란 제목 자체가 사라지고 있는 것을 볼 수 있다. 그리고 기생의 이름이 쓰여진 사진엽서가 나오기 시작한다. 엽서 한 장에는 한 사람의 기생을 클로즈업해서 찍었다. 흑백 혹은 단색 사진인데 채색된 것은 흑백사진을 찍은 후에 인화과정에서 색을 입힌 것으로 요즈음의 컬러사진과는 다르다.

기생들의 사진엽서는 '기생 사진' '기생언자妓生嫣姿(기생의 웃는 모습)' '청초 우아 조선미인집' '기생염자팔태妓生艷姿八態' '조선풍속기생' 등이라는 표제가 쓰인 봉투에 8장씩 세트로 된 회엽서로 만들어졌다.

엽서 한 장에 기생 한 사람을 찍어, 그것을 세트 사진으로 판매하는 방식이었다. 배우나 가수 등 이른바 브로마이드 사진이 아사쿠사의 마루베르당堂에 의해 상품화되어, '브로마이드'라는 상품명이 정착한 1920년 이후에 급속도로 확산·발전했다. 따라서 이 엽서 세트는 오늘날 대중스타의 모습을 담은 크고 작은 브로마이드의 한국판 선조쯤 될 것이다.

1890년대 전후 일본 최고의 관광상품으로 전 세계로 수출되었던 풍속사진 엽서는 주로 요코하마(橫濱)를 중심으로 다이쇼(大正) 사진공예소와 히노데상행(日之出商行)에서 많이 생산되었다. 특히 히노데상행은 현재 발견되고 있는 사진엽서의 대부분을 차지할 정도로 상당히 번성했다. 기록에 의하면 "하루 판매량이 1만 매를 웃돌고 원판의 가지 수가 명소 700종, 풍속 600종에 달하며 인쇄공장은 직영과 전속을 합해 4개소를 보유하고 있으나, 지금까지 제품이 부족할 정도로 성황을 이루고 있다"[26]고 하였다.

기생 회엽서 세트 겉봉투

요코하마 사진에서 서양인들의 이국적인 취향을 가장 많이 자극했던 인기품목 중 하나가 예기 사진이었듯이 '조선풍속'이라는 제목 아래에 조선의 무용수로, 악기 연주자로, 미녀로 연출된 기생 이미지는 일본인 관광객들의 인기품목이었다. 외국인들 중에는 조선 기생 사진엽서를 수집하는 이도 생겨났다.

사진엽서를 중심으로 하는 근대 시각문화에 대한 연구 성과는 아직 미미하다. 서구에서는 사진엽서에 대한 수집과 연구가 활발한 반면, 우리나라에서는 이제 시작단계이다. 앞으로 사진엽서뿐만 아니라 여러 인쇄매체 속에 나타나는 시각자료를 통해 근대의 사회와 문화를 조망해 볼 수 있는 인문학적 연구가 필요할 것이다.

사진엽서의 생산배경에 접근하기 위해서는 제국주의와 식민지에 대한 고민이 필수적이다. 사진엽서가 생산되기 시작하는 시기가 서구의 제국주의가 전 세계적인 현상으로 번져가고 있는 때라는 점에서 주목된다. 제국주의라는 세계적 현상과 함께 번성한 학문이 바로 인류학이다. 제국주의 국가들이 식민지로 진출하기 위한 사전조사는 인류학자들이 도맡아 했다.

식민지를 경영하기 위해 각종의 정보를 인류학자들이 수집하고 연구하여 보고서를 만들었으며, 이것은 곧 식민지 정책의 토대가 되었다.

일제강점기에 일본은 서구 제국주의의 인쇄산업을 이용하지 않고 자국의 인쇄산업을 통해 당시 식민지인 조선과 만주, 대만에서 영역을 확장시켰다. 바로 제국주의 국가들의 세력판도와 사진엽서의 생산·유통은 거의 일치하고 있다.

이처럼 사진엽서를 보는 작업은 근대를 비판적으로 이해할 수 있는 안목을 요구한다. 사진엽서는 사회·문화적 맥락 속에서 이해될 때 더욱더 그 의미가 선명하게 드러나기 때문이다. 사진엽서를 제국주의와 식민지의 관계, 사진 속에 재현된 정치적 시선과 같은 여과장치 없이 독해한다면 사진엽서는 단순히 100년 전 과거의 이미지에 불과할 것이다.[27]

박람회 공간에서의 기생

일제강점기 서울의 관광안내책자에는 숙박업소, 요릿집, 택시 연락처, 관광 명소 등을 수록하고 여기에 기생조합인 권번의 연락처를 빠짐없이 적어 놓고 있다. 또한 각 요릿집에서 발간한 안내책자에는 기생의 이름과 사진도 더불어 실어 놓아 지금도 그 자료를 적지 않게 찾아 볼 수 있다.

1938년에 경성관광협회에서 발행한 '경성관광안내도'는 경성역 구내에 설치된 안내소를 통해 배포되었다. 그 안에는 경성관광협회 지정 업소들이 소개되어 있다. 여관, 택시회사, 토산물점, 조선인삼, 감률(단밤)가게, 사진촬영, 사진재료, 일본요리옥, 조선요릿집(명월관·천향원), 카페, 끽다점(찻집), 백화점, 유곽, 권번, 온천 등이 수록되었다. 특히 권번은 일본의 예기로 본本권번과 신정新町권번을 들고 조선의 기생은 한성권번과 조선권번을 소개하고 있다.

평양의 관광안내서는 조선 제일의 미인산지이자 유명 기생의 배출처로 '평양 기생학교'를 들고, 이에 대한 사진과 설명을 빠짐없이 소개하고 있다. 물론 사진엽서의 제작은 기생학교의 양성과정에 주목하여 수업하는 장면들을 중심으로 관심의 초점이 맞추어져 있었다.

일제는 조선에서 여러 차례의 박람회를 개최하였다. 본래 박람회는 짧은 기간 동안에 다수의 사람에게 전시효과를 내는 목적이 있기에 이 박람회에서는 기생을 조선의 상징으로 내세웠다. 1907년 경성박람회에서 10명의 기생이 잡가를 부르기도 하고 검무를 추기도 하였다.

그리고 1915년 일본의 조선 시정 5년을 기념하여 실시한 '조선물산공진회'가 개최된다. 이에 대한 일본 내지용 광고 포스터는 경복궁과 조선총독부를 배경으로 하여 조선의 기생(신부복을 입고 춤을 추

기생을 모델로 만든
조선물산공진회 포스터 사진

는 자세)이 그려져 일본 전국 각지로 배포되었다. 또한 1929년 경복궁에서 조선박람회가 열렸고 평양의 기생들이 총동원되어 서울에 원정을 온다는 광고를 하였다.

1923년 10월에 열린 조선물산공진회에서 벌어진 권번 기생들의 여흥에는 공진회의 입장권을 사는 이에게는 잡화품 할인 구매권을 첨부하여 주었다. '사람찾기'라는 놀이도 있었다. 경성의 각 권번에서 5명의 기생을 뽑아 변장을 시켜 장내에서 돌아다니게 하고, 이것을 발견하는 이에게 20원짜리 상품권을 준다는 내용이다. 놀이는 하오 1시부터 3시까지 벌어졌으며, 발견한 사람은 그 기생의 이름을 부른 후 기생에게 '발견증'을 받고 기생과 함께 경회루 수상장소로 가서 상을 타는 것이었다.

당시 변장한 기생은 한성권번 조옥향, 한남권번 오유색, 조선권번 이난향, 대동권번 김산월 등이었다. 만일 찾는 사람이 없이 3시가 넘으면 상금은 기생의 차례로 간다하여 각 권번에 뽑힌 기생들은 변장을 더욱 열심히 했다.

또 다른 놀이는 '변장행렬'로 장내에서 개업을 하고 있는 각 상점 관계자와 공진회 관계자들이 각각 자신들의 꾀를 다하여 변장을 한 후 장내를 순회하였고, 그 외에도 누구든지 변장을 하고 참가할 수 있었다. 변장한 사람은 전부 경회루 앞에서 심사를 하여 10등까지 상품을 주었다.

그 당시 빠질 수 없는 것이 바로 '기생 활쏘기'였다. 영추문 안 궁장弓場 옆 광장에서 각 권번 기생의 궁술대회가 열렸다.

그리고 '연예대회'가 열리는데 경기장에 배설된 무대에서 조선기생과 일본기생의 가무가 하루 종일 공연되었다. 그 밖에 '기생 그네뛰기'가 열렸는데 당시 1등은 대동권번 변단심, 2등은 조선권번 이연화와 대동권번 김연화이었다. 또한 관람객들은 '보물찾기'를 매우 재미있어 했는데, 1등 상품이 금시계였다.28)

공진회는 조선총독부 지배 이전과 이후의 조선에 대한 백과전서적 지식을 관람객의 눈앞에 분류·배열·진열해 놓고 상호 비교·대조하여 일본(문명)과 조선(야만, 전근대)의 이항대립적 관계를 보여주었다.

여기서 기생의 이미지는 중요한 의미를 차지한다. 사진엽서를 통해서 기생을 남성의 성적 대상과 타자화된 조선의 이미지로 창출했던 것처럼, 이 포스터는 기본적으로 공진회를 계기로 일본 내부의 정치적 문제를 외부(조선)로 돌리게 하였다. 또 조선에의 투자를 촉진하는 한편 에로티시즘과 엑조티시즘이 결합한 형태인 기생 이미지를 통해 일본 남성들의 성적 욕망을 자극함으로써 조선 이주와 관광을 위한 유인책으로 활용한 것이다.

또한 조선인들에게는 공진회에 가면 공개적인 장소에서 누구나가 기생을 볼 수 있다는 기대를 갖게 하여, 궁극적으로 특권층만이 누렸던 기생문화를 대중화하는 효과를 얻었다. 이로써 기생은 특권 계급의 향유 대상을 넘어서 자본의 대상이 되어 갔다. 돈만 있으면 누구든지 소비하고 향유할 수 있는 문화

조선총독부 주최의 '조선박람회' 포스터(1929년)

라는 인식을 낳음으로써 기생 이미지가 갖고 있는 식민담론의 수사는 은폐되고 기생 이미지는 조선 내 자본주의와 성적 불평등의 문제로 환원되었다.

이 과정에서 조선인들은 일제가 만든 타자의 이미지를 투명하고 자연스러운 이미지로 오인하게 되었다. 이처럼 포스터는 국내외의 사람들에게 기생을 조선의 대표적 이미지로 각인시키는 결정적 계기가 되었으며, 공진회를 찾지 않은 사람들에게도 박람회의 꽃이 기생이라는 암시를 주게 되었다.[29]

일제강점기의 요릿집 공간

일제강점기에 요릿집은 기생이 상주하지 않고 권번에 연락을 하면 기생이 인력거를 타고 요릿집에 나와 손님을 접대하는 방식으로 운영되었다. 그 당시 기생이 되려면 미모도 뛰어나야 했지만, 영리하고 똑똑해야 했다. 특히 점잖은 양반들의 말뜻을 재빨리 재치 있게 알아차려야 했고, 거기에 합당한 대답을 우아하게 내놓아야 명기라 할 수 있었다. 연석에 참석했을 때 앞에 앉은 친구나 옆에 앉은 손님에게 이 사람은 누구고, 저 사람은 누구냐고 묻는 기생이 있다면 먼저 한점 깎이고 들어가게 된다. 연석에 들어가자마자 눈치를 곤두세우고 좌석에 계신 분들이 누구누구이며 이날의 주빈과 주최자가 누군지를 눈치껏 알아내야 하는 것이다.

연석에 앉을 때에는 반드시 한무릎을 세우고 그 무릎 위에 두 손을 얌전히 포개 놓는다. 요릿집이나 개인집에서 연석이 벌어지는 사랑 놀음에 다녀올 때는 시간에 따라 돈을 받게 되었다. 어떤 요릿집에서는 2시간 반이면 3시간으로 넉넉히 시간을 잡아주는 후한 곳도 있었지만, 2시간으로 우수리를 떼는 곳도 있었다.[30]

그러나 아무리 시간을 잘라낸다 하더라도 당시 기생들은 일언반구 항의하거나 싫은 내색을 보여서는 안 되었다. 기생이 시간에 짜증을 내게 되면 그 기생은 행세할 수 없었다. 시간에 따라 계산해 주는 돈도 기생이 자기 손으로 직접 받는다는 것은 그때 풍습으로는 있을 수 없었다. 기생이 돈을 직접 만진다는 것은 천하고 상스러운 것으로 여겼기 때문이다.

기생은 단지 시간을 적은 전표를 점잖게 들고와 권번에 맡기고, 권번에서 돈을 찾아오는 번거로운 방식이었지만, 이것이 기생의 체통을 살리는 길이라고 여겼다. 기생이 부름을 받는 것을 그때는 다른 말로 표현했다. 요릿집 같은 데서 부를 때 선약이 있으면 '지휘 받았다'고 말했다. 당시는 수동적으로 응하는 시대였고, 그런 입장에 있었으니 지휘 받았다는 표현을 하였다. 기생들은 손님들에게 '-합쇼' 하는 투의 경어를 썼고, 손님들은 '잘 있느냐'는 식으로 하대하였다. 그러나 요릿집 사람들이나 국악원 악사들은 기생들에게 깍듯이 '아씨'라고 불러주었다.

기생이 요릿집에서나 개인집에서 연석에 참석할 때에는 미리 다른 방에 모여 음식을 먹고 나서 들어갔다. 아무리 체통을 살리려 해도 배고픈 다음에야 별수 없는 법, 우선 기생들이 배불리 먹고서야 모든 예의범절과 노래와 춤이 제대로 될 수 있었으니 그럴 법한 일이다.

기생들이 입는 옷 색깔은 여염집 아낙들과 달라야 했다. 1·2·3향수는 옥색치마를 입었고, 보통기생들이 예복으로 입는 옷은 남색치마였다. 노란색이나 다홍색은 여염집 부인이나 아씨들이 입는 것으로 정해져 기생들은 이 색깔을 입지 못했다. 또한 기생들이 연석에 들어가서 손님들과 마주앉아 같이 담배를 피워도 아무도 상관하지 않았는데, 이때 주로 피우는 담배는 '청지연' '홍지연' '칼표' 등이었다.

이때 기생들은 돈이 떨어지면 당시 돈놀이하던 '대성사'라는 집에서 매월 10원 정도 꿔 쓸 수 있었다. 훗날 돈을 벌어 갚아도 되었으나, 좋은 영감을 만났을 때 영감이 원금과 그동안의 이자까지 모두 치르는 것이 그때의 풍속이었다.

이 무렵 기생들은 어디를 가나 외상을 잘 얻을 수 있었다. 종로네거리 포목점에 나가 돈 한 푼 없이 옷감을 끊어도 권번만 대면 아무 염려 않고 뚝뚝 끊어주는 시절이었다. 기생이 직접 나가지 않더라도 갖가지 일용품은 얼마든지 외상으로 살 수 있었다.

요릿집이나 개인집 연석에 참석했을 때 손님이 실수로 술이나 음식을 기생의 치마폭에 쏟아도 기생들은 조금도 기분 나빠하는 일이 없었다. 다음날 쯤이면 실수한 손님이 청지기를 시켜 옷감 1벌을 꼭 사과하는 의미에서 보내주었기 때문이다. 돈 있고 체면 찾는 손님이 보내주시는 것이니 입고 있던 옷감보다 못할 리 없다는 것은 말할 필요도 없다.[31]

1936년 서울에는 약 50개의 요정에서 밤낮을 가리지 않고 명기, 명창을 불러 놓고 흥을 돋웠다고 한다. 요릿집은 대개 한 상에 5원부터 10원까지 받았는데 5, 6명은 충분히 먹을 수 있었다. 대개 요릿집에서는 손님들이 기생 아무개를 불러오라고 지명하는 것이 상례였으나, 인기 있는 기생은 보통 1주일 이전에 예약하지 않으면 차례가 오지 않았다.

명월관, 기생 요릿집의 대명사

'명월관'은 '청풍명월淸風明月'에서 따온 이름으로 명사와 한량들에게 편안한 장소와 푸짐한 음식을 대접한 요릿집의 대표적인 브랜드를 쌓았다.

궁내부 주임관奏任官과 전선사장典膳司長으로 있었던 안순환이 궁중에서 나온 뒤인 1909년에 생겨난 요릿집이었다. 전신은 '조선요리옥'이었다. 명월관 본점은 종로구 돈의동 145번지, 지점은 종로구 서린동 147번지에 있었다. 본점의 토지 평수가 1200여 평이었고, 양식과 조선식으로 지은 건물 총평수가 600여 평에 달하는 당시 상당한 규모였다.

안순환은 명월관을 개업하여 궁중요리를 일반인에게 공개하게 되었고, 술은 궁중 나인 출신이 담그는 술을 대 쓰는 바람에 인기를 끌기 시작했다. 처음에는 약주, 소주 등을 팔았지만 나중에는 맥주와 정종 등 일본술을 팔았다.

이 무렵 융희 3년(1909)에 관기제도가 폐지됨에 따라 지방과 궁중의 각종 기생들이 방 붙일 곳을 찾아 서울로 모여들기 시작했다. 명월관에는 수많은 기생 중에서도 어전에 나가 춤과 노래를 불렀던 궁중기생과 인물이나 성품 및 재주가 뛰어난 명기들이 많이 모여들어 자연히 장사도 잘 되고 장안의 명사와 갑부들이 모여들어 일류 사교장이 되었다.

1910년대 명월관은 이색적인 광고를 한다. 종로 거리에 우산을 받쳐 든 꽃 같은 기생들의 행렬을 등장시킨 것이었다. 나이 든 기생이 앞에 서고 솜털이 보송보송한 어린 동기童妓가

명월관 정문 전경

뒤를 따르는 행렬은 구경꾼들의 눈을 번쩍하게 했고, 사람들이 구름같이 모여들었다. 앞서 가던 기생이 선창을 하면 뒤에 따르던 기생들이 화답하면서 가는 행렬은 요릿집 명월관 선전이었다. 우산 끝에는 명월관에 꽃다운 기생 산홍이가 새로 왔으니 많이 왕림해 달라는 식의 종이가 주렁주렁 매달려 있었다. 요릿집에서나 구경할 기생을 백주 대낮에 구경하게 된 횡재에 군중들은 이들 행렬을 따라 나섰고, 행렬이 종로에서 동대문 쪽으로 방향을 틀면 구경꾼도 이들을 뒤따랐다.

그러나 1918년에 명월관이 불타버렸는데, 화재 원인에 대해 당시 여러 이야기가 나돌았다. 친일정객들이 나라 팔아 받은 돈으로 거들먹거리던 곳이었기 때문에, 기생에게 욕본 고관의 분풀이 때문에, 가산을 탕진한 아들을 둔 시골 양반 때문에 불이 났다는 등의 이야기가 무성하였다. 이듬해 이종구는 '명월관' 상호 명칭에만 3만원을 주고 인수한다. 이종구는 1937년 종로권번도 인수한 재력가였다. 명월관에서는 고유한 조선요리와 서양요리를 만들었고, 주요 손님들은 고위 관료와 재력가, 외국인 등이었다. 1932년 조사에 의하면 하루 매상이 500원 이상이었고, 종업원의 숫자도 120여 명이나 되었다. 종업원은 손님을 안내하는 '보이', 음식을 만드는 '쿡', 인력거 '차부車夫'까지 포함한다.

안순환은 그 뒤 화재를 당한 후 새로이 '태화관' 그리고 '식도원'을 세웠다. 명월관은 서울에 있어서 조선요리업의 '원조元祖'라는 이름이 높다보니, 지방에서도 '명월관'이라는 간판을 내놓고 요릿집을 운영하는 이가 많았다. 현재 명월관 본점 자리에는 동아일보사 사옥이 있고, 지점 자리에는 피카다리 극장이 있다.

명월관 특설 1호 무대

1971년 「중앙일보」에 연재를 한 조선권번 출신 이난향의 회고에서 보더라도 '명월관'은 '공간' 이상의 의미를 가지고 있음을 쉽게 알 수 있다.

1930년대에 들어서자 명월관에 뒤늦게 서서히 등장하기 시작한 언론인과 문인들은 신학문을 닦고 시대의 첨단을 걷는 이들이었다. 그들의 발걸음이 잦아지자 명월관은 생기를 되찾기 시작했고 기생들은 이들의 재치 있는 이야기에 솔깃해졌다고 한다.

> 옥양목 두루마기에 '도리우찌' 모자를 썼고, 신발은 자동차 타이어 속으로 만든 경제화를 신고 있었다. 어느 모로 보나 좌석의 손님들과는 어울릴 옷차림이 아니었기 때문에 나는 이 손님은 방을 잘못 들어온 것이라고 짐작했다.
> 그러나 좌중에 계신 손님들이 모두 일어나 정중하게 대접하는 것을 보고 이상하게 생각했는데 이분이 바로 육당 최남선 선생이라는 것을 알고 나는 깜짝 놀랐다. 육당 선생

께서는 별로 말씀이 없었으나 백운선의 영변가를 좋아하셨고, 음성은 쇳소리였다. 내가 육당 선생의 처음 인상을 '복덕방목침' 같다고 손님들에게 말했더니 그 후 이 말은 육당 선생님의 별명처럼 돼버렸다.

춘원 이광수 선생은 얼굴색이 유난히 빨간 것이 인상에 남아있으며, 수주 변영로 선생은 그때부터 술을 많이 들었는데 김금련의 노래를 무척 좋아했다.

1930년께는 춘해 방인근 씨가 주동이 된 동부인회가 가끔 명월관에서 베풀어졌다. 이 모임에는 각계각층의 인사들이 모였다. 춘원, 박인덕, 의사 백인제, '세브란스'의 전 학장 오긍선, 음악가 백명곤, 숭실전문 교수이며 테너가수였던 차재일 등 제제다사였다. 김억, 김동인, 윤백남, 안석영 등 문인들의 모습도 보였다.[32]

언론계 인사치고 명월관에 드나들지 않은 이가 거의 없었는데 이것은 명월관에 '장춘각'이라는 그윽한 특실과 2층에 피로연을 할 수 있는 큰 홀이 있기 때문이며, 그 보다는 외상이 후하고 외상값 독촉을 심하게 하지 않았기 때문이었다고 한다.

명월관의 제1기라 할 수 있는 고객 계층은 1910년대 초반 이름만 남아있던 조선 왕조의 왕족들, 옛 대한제국의 고관관직을 했던 이들, 그리고 친일파들이었다. 1910년대 후반의 제2기 고객 계층은 망국대부의 자제들과 부유한 집안의 자제들이었다. 여기서 나라 잃은 망국의 슬픔이 아이러니하게 '공간으로서 명월관'에서 드러난다. 일본제국주의로부터 나라를 지키지 못한 무능한 위정자의 자제들은 해야할 일도, 울분을 토로할 공간도 마땅히 없었기에 명월관에서 기생과의 유흥이 유일한 삶의 모습이었다. 이 때문에 자연히 늙은 고객들은 발을 끊게 되고 그들의 자제 덕분에 손님들이 갑자기 젊어지게 되었다.

제3기는 1920년 초반으로 일본 유학생들의 사각모자, 즉 대학생들이 주된 손님이었다. 물론 겉으로 드러나 있지는 않았지만 상해의 애국지사도 빼놓을 수 없다. 더구나 1919년 3·1운동으로 사회의 변화는 기생의 세상을 보는 눈을 바꾸어 놓았다. 바로 여성운동과 독립운동으로 투신하게 되는 기생, 즉 사상기생이 생겨나게 된다.

1919년 3월 19일 진주에서 만세시위를 벌인 기생조합 소속 기녀집단을 '기생독립단'라고 하는데, 3월 29일에는 수원 권번 기생 30여 명이 검진을 받으러 자혜의원으로 가던 중, 수원경찰서 앞에 이르자 김향화金香花를 선두로 대한독립만세를 부르고, 병원에 가서도 검진을 거부하고 독립만세를 불렀다. 또 돌아오는 길에 경찰서 앞에서 다시 독립만세를 부르고 헤어졌는데, 김향화는 체포되어 징역 6개월을 선고받았다. 그리고 4월 5일에 해주 기생들은 해주 종로에 집합하여 만세를 부르고 남문에서 동문을 경유하여 서문으로 시위행진하였는데, 이때 체포된 김월희·문월선은 징역 6월, 이벽도·문향희·해중월 등은 징역 4월이 언도되었다.[33] 이 사건은 삼일운동이 한국민족 전체의 운동이었음을 보여 주는 것으로 큰 화제를 일으켰다. 당시 기생 중에는 민족의식이 투철하여 일본인들을 골탕 먹인 예가 많았다.

이어서 제4기는 1920년 후반으로 신문 언론인과 문인들이 두드러진 고객이었다. 1929년 조선총독부 20주년 시정기념 박람회로 명월관에 지방의 부자들이 서울의 기생을 보러 올라오면서 고객의 계층이 급격하게 변하였다. 그러면서 기생들은 일본 유학을 가거나 근대식 학업으로 신여성처럼 살겠다고 기생폐업하는 이들도 많이 생겨났다.

1930년대 들어 제5기에는 사업가들이 주된 고객이었다. 이제 양장 차림에 양산을 오똑하게 받쳐 들고 인력거 위에 올라앉은 기생의 모습 속에 이미 서화와 기예를 익히고 예의범절을 배워 조신하게 처신하던 옛 명기의 모습은 그림자조차 없이 사라지고 있었다.

고객층은 앞서와 별반 차이 없었지만 1940년대 제6기에 명월관으로 출퇴근하던 기생들이 비단옷 대신 몸뻬 옷을 입을 수밖에 없게 되자 명월관은 휴업하게 된다. 그러나 다음과 같은 당시 신문 기사를 보면 기생의 친일 행적 역시 목격할 수 있다.

웃음과 노래를 파는 연약하고 자유롭지 못한 몸이기는 하나 '애국의 열성은 누구에게도 지지 않는다'고 푼푼이 모으고 모은 돈으로 8개의 고사기관총을 헌납하는 헌납식은 본정관내의 조선권번, 한성권번, 동권번, 본권번, 경성요리업조합, 신정유곽 등의 기생, 창기, 예기 1000여 명의 손에 의하여 오후 세시 가을빛 짙은 장충단공원에서 감격과 찬양을 받으며 성대히 거행되었다. 헌납식이 끝난 후 창기, 예기, 기생들이 섬섬옥수를 들어 가을 하늘을 향하여 헌납한 기관총의 실연을 하였다.[34]

제7기 1940년대 후반은 미군들로 마지막 전성기를 누리게 된다. 주된 고객도 미 제5공군 장병들이었고 요릿상의 다리가 높아지고 서양 댄스 중심의 파티였다. 이로써 기생과 함께 한 공간으로서의 명월관은 어느새 사라져 갔다.

서울의 기생촌, 그 공간

1920년대에 들어서면서 서울의 외적 팽창은 그에 따라 지역적 분화, 인구 집중, 주택난을 심화시키는 결과를 가져왔다. 새로운 주택들이 들어선 문화촌(동소문 안), 빈민촌(수구문 밖 신당리), 서양인촌(정동), 공업촌(용산), 노동촌(경성역 봉래교), 그리고 기생촌(다옥정, 청진동, 관철동, 인사동 일대)과 같은 특수촌이 형성되면서 각각 거기에 걸맞은 생활풍속도가 형성되었다. 이처럼 서울의 요릿집과 권번 근처에 있었던 다방골, 즉 다옥정茶屋町 일대에는 기생들이 모여 사는 기생촌이 있었다. 기생들은 주로 월셋집에 살았는데, 그들이 사는 동네는 낮에도 장구, 가야금 소리가 노래와 함께 흘러나와 분위기를 돋우고, 저녁이 되면 인력거꾼들의 소리로 시끄러운 풍경을 연출하였다.

당시 '다방골'은 본래 부자가 많기로 장안에서 유명하였는데, 풍수지리설에 따르면 이 곳 다방골의 지형은 거북이 모양으로 옛날부터 전쟁 중에도 재해를 입거나 화재 등이 일어난 적이 없으며 변란도 피해가는 지형이라 한다. 옛날 이 지역에 차를 마시는 공식예절인 다도茶道와 다례茶禮를 주관하던 사옹원司饔院(궁중에 음식 식품을 조달하던 관청)에 속한 다방茶房이 있었기 때문에 '다방골'이라 불렸던 데에서 동명이 유래되었다. 1914년 4월 일제에 의해 남부 중다동과 모교 상다동, 하다동 각 일부를 합쳐 다옥정茶屋町으로 하였고, 광복 후에 이 '다방골'을 한자로 고친 것이 '다동'이다.

1924년에만 해도 서울 안에 기생이 대략 300명이 있었는데 '다방골'에만 60명이나 되었다. 이 때문에 '다방골' 하면 먼저 기생을 먼저 떠올리게 된다. 아침 늦게까지 자는 잠을 '다방골 잠'이라 하기도 한다. 밤늦게까지 웃음을 팔고 노래를 팔고 돌아온 기생이 아침에 일찍이 일어날 수 없으니 그런 말이 생길 만도 하다. 또 '다방골'에는 대개 여유 있는 사람이 많이 살았던 까닭에 놀고먹는 그네들이 아침에 굳이 일찍이 일어날 필요가 없어서이기도 했다고 한다.

그들이 대개 그 근방으로 모여 살아 기생촌이 생겨난 것은 요리점을 중심으로 하여 월셋집을 얻기 쉬워서였다. 기생들은 살림이나 식구가 단출했지만 대부분 밤잠도 못 자 가며 놀림감 노릇을 해서 번 그날 화대로 입을 옷, 집세와 잡비를 써야

했기에 넉넉하지 못했다. 어슴푸레한 석양을 바라보며 분첩을 들고 고운 얼굴을 다스리기 시작하는 고운 직업이라지만, 악착같아야만 살 수 있는 직업이기도 하였다.[35]

정체성의 혼란

1940년대 이전까지 절대 다수의 여성 음악인들은 기생이라는 사회적 인식으로부터 벗어날 수 없었다. 이처럼 여성 음악가를 기생으로 한정했던 일제는 다른 방향에서 이들을 예술가로 인식하려 하였다. 일제는 1940년에 들어서면서 예술가들을 억압하기 위한 방편의 하나로 기예증技藝證을 발급하였다. 기예증이란 음악인, 연극인, 대중가수 등에게 발급했던 일종의 허가증과 같은 것이다. 일제는 이 증서의 소지자에게만 공식적인 음악활동을 허가하였다.[36] 비록 기예증은 일제의 예술가 통제의 수단으로 활용되었지만, 본래 의도와는 다르게 과거 기생으로 불렸던 여성 음악가들이 가무를 전문으로 하는 예술가로 인식되게 하는 결과를 낳았다. 기생이 다른 분야의 예술

가와 함께 공식적으로 예술가로 인정된 것은 주목할 만한 일이었다.[37]

권번의 기생들은 일종의 노동자로 이렇게 벌어 부모와 형제를 먹여 살리고 공부시키는 갸륵한 여자도 있는 반면에, 가정을 파탄으로 몰아가는 주인공이 되는 경우도 있었다. 미혼 청년이 기생한테 애정을 느껴 결혼을 약속하였지만 완고한 부모의 반대로 결혼을 할 수 없게 되자 목숨을 끊는 일도 생겼다. 그 당시 봉건적인 구식 결혼과 자유연애 결혼과의 과도기에서, 부모의 명령으로 어려서 결혼한 남자들이 구식 여자에 대한 불만으로 기생을 불러 쉽게 사랑에 빠진 경우가 많았다.[38]

일제시대 기생은 여자들에게 당시 법률이 당당하게 공인하는 하나의 직업이었다. 일반인들이 보기에 기생의 생활은 사치스러웠다.

일제강점기 시대의 기생 중에는 문맹자가 많아 대개 지식이 부족했지만, 여러 손님을 겪었던 만큼 의사표시에 있어서 민첩하고 간곡한 점은 있었다. 일반인과 대화를 하면 노래 가사에서 기억한 구슬픈 어구를 그대로 인용하면서, 한恨 맺힌 호소가 그칠 줄 모르게 길어졌다고 한다.

그녀들을 가장 서럽게 하는 것은 '기생은 가장 편한 직업이다. 이 직업은 자기들의 인격을 완전히 앗아 버린다'고 하는 관념이었다. '나는 기생이다' 하는 생각이 자기들의 모든 직업적 행동을 용감하게 하는 동시에, 가끔씩 깊은 구렁 속에 자신을 빼트려 정체성의 혼란을 겪게 된다. 그래서 때로 자존심과 양심의 마음속으로부터 처절한 눈물을 흘리게 되는 때가 있었다고 고백하곤 하였다.

혹 손님들 중에는 한 기생을 기생으로 사랑하는 것이 아니라 인격적으로 사랑해주어, 백년가약을 마음으로부터 맺고 지내는 일도 있었다. 그러나 그것도 겪어보면 머지않아 변하는 것이 다반사였다. 결국 당시 화류계에서 남성들이 기생을 사랑한다는 것은 다 일시 희롱이라고 여길 수 밖에 없었다.

기생의 중심 표어는 '한 살이라도 젊을 때 부지런히 돈 모으자' 하는 것뿐이었다. '여러 남성이 너에게 사랑을 속살거려도 귀기울이지 마라. 그것은 대개 다 헛것이오, 혹은 오래가지 못할 것이다. 아무리 일시적으로 인기가 좋고 명기 소리가 높아도 그것의 영원성을 믿지 마라. 봄이 가고 꽃이 늙어지면 문전이 냉락하리라'하고 스스로 경계하였다. 그녀들은 생생한 경험을 통해 '연애에 빠지면 대개는 반드시 망한다'는 공통 결론을 얻었다.

이처럼 돈을 벌기 위해 자기 가슴속에서 솟아 올라오는 순정의 싹을 꺾어야 한다는 모순된 결론을 체험으로 깨닫게 되는 것이다. 그래서 그녀들은 "우리도 왜 사랑의 따뜻한 맛을 모르겠습니까? 알면서도 모르는 체하는 곳에 쓰라린 눈물이 있고 아픈 한숨이 있습니다"라고 토로한다.

그렇다고 연애나 결혼생활을 아예 단념한 것은 아니었다. 여러 남성을 대할 때마다 혹시 그 중에서 변하지 않고, 일생을 같이할 남자가 있을까 기대하게 되는 것도 사실이었다. 기생의 노래나 용모에 취한 화류 손님으로서가 아닌 오직 인간과 인간의 사랑으로서 만날 남성을 선택해서, 화류계를 떠나 따뜻한 가정을 일궈 아들딸 낳고 재미있게 사는 기생도 있었다.

그러나 수많은 기생이 다 이와 같이 되리라고 누구도 장담할 수 없었으니, '늙어서 논두렁 비' 맞지 말자는 표어가 나왔다. 값싼 연애에 휘둘리어 그야말로 기생 노릇도 똑똑치 못하고 얼치기로 학생을 흉내내다가는, 그야말로 최종에는 '논두렁 비' 되게 된다고 여겼다. 그저 기생은 '기생질' 할 때에는 기생다워야 한다고 주장하였다.

그녀들의 유일한 목적인 돈벌이가 '놀음채'였다. 첫 시간에 대한 놀음채는 1원 95전이고, 그 다음부터는 1원 40전이었다. 그 중에서 자기 소속 조합에서 1할을 떼고, 요릿집에서 1할 5부를 떼었다. 그리고 사랑 놀음(혹은 외출)이라고 가면 한 시간 놀아도 또는 하루 종일 놀아도 10원이었다. 이런 기준으로 건강하고 이름 있는 기생이면 매달 100-200원 이상 가능했다.

그 외에도 각 방면으로 수입이 있어서 자기만 단단히

권번 기생의 회한을 표현한 듯한 사진
(기생 오산월)

마음을 먹으면 착실히 돈을 모을 수가 있었지만, 월수입 50원에 불과한 기생도 많았다. 그런데 이와 같이 돈을 벌자면 밤잠을 도무지 자지 못하는 것이 무엇보다도 고통이었다. 오래 그 생활을 계속하는 동안 습관이 되어 밤을 꼬박 새고 몸을 인력거에 싣고 집으로 돌아갈 때는 그 직업을 저주하지 않을 수 없었다.

당시 기생들은 놀음판에서 제일 싫은 사람이 돈 주고 불러왔으니, 마음대로 해도 좋다고 몸을 함부로 취급하는 무정한 손님이라고 하였다. 반면에 기생의 처지에 대하여 동정해주고 이해하는 손님은 제일 좋아하고, 더욱이 노인 손님은 대개 귀여워해주고 까다롭게 굴지 않으므로 수월하여 가장 선호하였다고 한다. 그와 같이 돈을 모아서 장차 무엇을 하겠는가에 대한 질문에 대한 답변은 기생 수만큼 다양하였다.

"무엇을 하던지 모아 놓고 보겠습니다."
"이 황금만능 세상에 돈 많이 있으면 무엇을 못하겠습니까. 돈 모아서 잘 살아보겠습니다."
"돈을 모아서 화류계를 떠나는 날 순진한 남성을 돈으로 사서 일생을 살려고 합니다."
"23세까지만 기생 노릇을 하고 그 다음에는 공부하여 상당한 남자와 결혼하여 나도 사회의 일을 해보겠습니다."[39]

사실 한평생을 기생으로 마친다는 것은 을씨년스러운 일이라고 그녀들은 말한다. 대부분의 기생들이 기다리는 것은 좋은 상대를 만나 행복하고 유복한 가운데 인생의 나래를 펴는 것이었다. 여자로 태어나서 어느 누군들 이와 같은 소망을 갖고 있지 않은 사람이 있겠냐만 살얼음을 딛는 듯한 나날을 보내는 기생들이고 보면 한층 더 간절했고, 또 매일 만나는 사람들이 당대의 명사들이었기 때문에 잡힐 듯 말 듯 안타까운 마음은 더 컸다고 한다.

오늘은 비록 기적에 몸을 담고 있지만 일단 대감님이 잘만 보아주시면 내일은 당장 호칭이 달라지고 신세가 활짝 펴게 되는 것이었으니 평소에 행실을 조심하고 지혜와 덕 쌓기를 게을리 해서는 안 되었다.

또한 남녀 간의 사랑은 은근한 것이라지만 그럴수록 남의 눈에 빨리 띄게 마련이다. 요릿집이나 사랑 놀음에서 불러도 임자 있는 기생은 '귀먹었다'고 한마디만하면 다들 알아들었다. 귀먹은 기생이라면 손님들이 별로 찾지 않았고, 동료 기생들은 자기들 일처럼 숨을 죽이고 사태의 발전을 눈여겨봤다. 귀먹은 상대가 잘 풀리고 제대로 발전돼 가면 드디어 유종의 미를 거두게 되는 것이었다. 또한 기생과 손님이 밀접히 연관되어 있는 것으로 대령기생이라는 것도 있었다. 어느 대감이 어느 한 기생만을 계속해서 부른다면 그 기생은 그 대감의 대령기생이었다. 어쨌든 사랑의 열매가 결실되어 양반이 기생을 맞아들이는 것을 그때말로 '떼들인다'고 했다.[40]

이처럼 일제시대의 기생들은 자신들의 정체성에 대한 고민의 흔적을 여기저기에서 드러내고 있다. 꽃다운 나이에 뭇 남성에게 웃음을 파는 시간만큼 적지 않은 수입을 얻을 수 있었지만, 흔들리는 인력거 안에서 새벽녘 집으로 돌아가면서 흘리는 눈물도 그녀들만 갖는 회한이었다.

'기생'이라는 위치가 어느 시대를 막론하고 신분상으로 미천한 자리매김을 당해 왔음은 부인할 수 없는 사실이다. 물론 기생 개개인이 재능이나 출중한 외모를 지니고 있는지의 여부, 당대를 놀라게 할 만한 스캔들을 만들었는지의 여부에 따라 이른바 잘 나가는 기생과 그렇지 못한 기생으로 갈리는 운명이 지워짐 또한 피할 수 없다.

어찌 되었든 당시 조선 전체에는 이미 수천여 명의 기생이 분포하고 있었다. 그들이 생활고에 쫓겨 그 길을 택하기도 하였고 넘치는 개개인의 '끼'를 분출할 방법을 찾기 위해 선택하기도 하였지만, 시간이 흐르면서 기생들은 그들만의 문화적인 고유 영역을 확보하고 싶어 했고, 거기에 뜻을 함께 한 기생들이 적극적인 사업을 펼치기 시작했다. 그 일환으로 시작된 것이 『장한長恨』이라는 월간잡지의 발행이다. 기생 스스로 자신들의 정체성 혼란을 사회운동으로 극복해보자는 의도였다고 볼 수 있다. 하지만 발간 초기의 의욕을 채우지 못한 채 그 타령이 그 타령인 기생들의 넋두리 모음집으로 그치고 말았다는 인상도 지울 수 없다.

여하튼 당시 언론에서 창간호의 발간시기와 발간인까지 밝히고 있는 것만 보더라도 시대가 변하면 기생도 변하고 따라서 언론도 변해가는 양상을 엿볼 수 있다. 『장한』 창간호의 표지 복판에 "동무여 생각하라, 조롱 속에 이 몸을"이라 적혀 있고 『장한』의 발기인은 김보배 외 17인으로 밝히고 있다.

『장한』은 1927년 1월 10일자로 창간된 기생들의 동인지이다. 2호가 나오고 그후 속간이 되었는지는 미상이다. 판권장을 보면, 편

1927년 발간된 기생동인지 『장한』 창간호 표지. "동무여 생각하라, 조롱 속에 이 몸을"처럼 자신들의 정체성을 극명하게 보인다.

집 겸 발행인 김보패金寶貝(김보배), 인쇄인 노기정魯基禎, 인쇄소 한성도서(주), 발행소 장한사, A5판 118면, 정가 40전이다. 이 잡지는 소설가 최서해崔曙海가 편집한 것으로 전한다.

이 책 8쪽에는 '지분사 광고모집'이란 사고社告가 있다. 지사와 분사를 공개모집한 점으로 미뤄 장한 편집진은 이 잡지를 지속적으로 발간할 계획을 갖고 있었던 것으로 보인다. 책에 실린 내용은 사회비판, 기생 권익옹호 등 현실참여적 글에서부터 다양한 내용을 담고 있다.

1931년에 발간된 잡지 『동광』 제28호에는 한청산의 「기생철폐론」이란 글이 실린다. 조선이 외래문화와 접촉하여 얻은 것 중에 가장 악한 물건의 하나가 이 기생 부르는 연회제도라

고 비판한 글을 보자.

> 상거래를 하려고 해도 기생, 학교 입학운동을 하려고 해도 기생, 이권운동·취직운동에도 기생, 학생의 송별회에도 기생, 신년에 기생, 꽃 피었다고 기생, 뱃놀이에 기생, 약수터에 기생, 달구경하자고 기생, 망년하자고 기생, 사시사철 기생이니 이러고도 이 사회가 시들어 빠지지 않을 수가 있을까. 늙은이도 기생, 젊은이도 기생, 교원도 기생, 생도도 기생, 실업가(失業家)도 기생, 실업가(實業家)도 기생.[41]

이렇듯 1930년대 전성기를 맞이한 기생의 연회 유행은 1940년대에 들어서면서 급격하게 위축되고 사회변화에 뒤처지는 대상이며 청산해야할 대상으로 전락한다. 바로 기생은 근대화, 여성사, 식민주의, 젠더, 계급 등의 문제들이 한덩어리로 어우러져 있다. 근대화 과정의 모순들이 한꺼번에 농축된 문제로서의 기생은 문화콘텐츠의 원형으로 분석하지 않으면 안 되는 주제라고 생각한다.[42]

조선사회에서 유일하게 여성 문학과 전통 예술을 계승하였던 '기생'은 매력적인 문화콘텐츠의 대상이다. 더구나 문화콘텐츠의 스토리텔링 분야에서 탁월한 제재와 소재가 될뿐더러 대외 경쟁력도 뛰어나다. 머지않아 우리나라 문화의 콘텐츠에서 비교우위로 내세울 수 있는 '국가대표' 브랜드 중에 하나가 바로 기생이다.

기생제도는 조선시대에 발전하여 자리를 굳히게 되어, 기생이라 하면 일반적으로는 조선의 기생을 지칭하였다. 기생은 사회계급으로는 천민에 속하지만 시와 서에 능해 교양인으로 대접받는 등 특이한 존재였다. 권번은 정식 국악교육기관은 아니었으나 민속음악의 교육에 적지 않은 공헌을 하였다. 일제강점기를 거치면서 기생의 이미지를 '창기' '작부'와 동일시하게 된 계기는 일본의 성풍속이다. 서로가 다름을 인정하는 인식 없이 일본의 성문화 관점에서 예악문화의 계승자였던 권번 기생을 대하면서 우리 기생이 갖고 있던 아우라Aura를 부정하였던 것이다. 게다가 타락한 소수의 사이비 기생과 유녀들이 '기생'으로 참칭하면서 기생 이미지는 왜곡되었다. 뭇사람들이 '기생 파티'란 말을 거부감이 없이 사용하게 되었다. 그러나 본질 면에서나 역사적 시각에서나 기생의 이미지는 보존되어야 한다. 그리고 이를 지켜낼 의무는 기생 연구자의 몫으로도 남겨져 있다.

주

1) 현문자, 「기녀고」, 동아대학교 대학원, 1967.
2) "京城의 花柳界", 『개벽』 제48호, 1924.6.1.
3) 김영희(2006), 『개화기대중예술의 꽃, 기생』, 민속원, pp.18-19.
4) 『내일을 여는 역사』 14호, 서해문집, 2003.
5) 노동은, 「평양기성권번」, 『노동은의 두 번째 음악상자』, 한국학술정보(주), 2001, 204쪽.
6) 이난향, 「중앙일보」 1970~1971년 연재물 "남기고 싶은 이야기들" '明月館', 1971.
7) 이난향, 앞의 글.
8) "名妓榮華史, 漢城券番", 『삼천리』 제8권 제8호, 1936.8.; 「동아일보」 1938.4.17.; 「每日新報」 1942.8.18.
9) "조선색 농후한 기생양성소 출현, 종로권번에서 인가원", 「동아일보」 1937.6.24.
10) 「每日新報」 1942.5.26.; 1942.8.18.
11) 「대구시보」 1948.9.23.
12) 德永勳美, 『韓國總攬』, 東京 博文館, 1907.
13) 中村資良, 『朝鮮銀行會社組合要錄』(1932년, 1937년, 1939년, 1942년판), 東亞經濟時報社.; 김산월, 「고도의 절대명기, 주로 평양기생을 중심삼고」, 『삼천리』 제6권 제7호, 1934.6.1.
14) 『삼천리』 제8권 제8호, 1936.8.1.
15) 『삼천리』 제13권 제12호, 1941.12.1.
16) 「東亞日報」 1925.8.30.
17) 김창욱, 「이 땅의 음악을 생각하면서: 일제강점기 음악의 사회사-신문잡지(1910~1945)를 중심으로」, 『음악학』 11호, 한국음악학학회, 2004, 111쪽.
18) 「機密室(우리 社會의 諸內幕)」, 『삼천리』 제10권 제10호, 1938.10.1.
19) 박헌봉, 「중앙일보」 "남기고 싶은 이야기-명창 주변", 1971.9.9.

20) 권도희, 「20세기 기생의 음악사회사적 연구」, 『한국음악연구』 29집, 한국국악학회, 2001, 334쪽.
21) 『삼천리』, 1930.6.
22) 『삼천리』, 1934.5.
23) 『모던일본』, 1939.6.
24) 권행가, 「일제시대 우편엽서에 나타난 기생 이미지」, 『한국미술연구소』 12호, 미술사논단, 2001, 83-84쪽.
25) 佐藤健, 황달기 옮김, 「그림엽서의 인류학」, 『관광인류학의 이해』, 일신사, 1996, 70-81쪽.
26) 「조선매일신문」 1929.2.23.
27) 권혁희, 「사진엽서의 기원과 생산 배경」, 『사진엽서로 떠나는 근대기행』, 부산근대역사관, 2003.
28) 「동아일보」 1923.10.24.
29) 이경민, 『기생은 어떻게 만들어졌는가』, 사진아카이브연구소, 2004, 145-148쪽.
30) 이난향, 앞의 글.
31) 이난향, 앞의 글.
32) 이난향, 앞의 글.
33) 「每日申報」 1919.4.5.; 1919.7.1.
34) 『삼천리』 제13권 제1호, 1941.1.1.
35) 「三千里 杏花村」, 『삼천리』 제8권 제8호, 1936.8.1.; 尹白南, 「藝術上으로 본 옛妓生·지금妓生」, 『삼천리』 제7권 제9호, 1935.10.1.
36) 이창배, 『한국가창대계』, 홍인문화사, 1976, 171쪽.
37) 권도희, 「기생조직의 해체 이후 여성음악가들의 활동」, 『동양문학』 25집, 서울대 동양음악연구소, 2003, 150쪽.
38) 조용만, 「중앙일보」 "남기고 싶은 이야기-30년대의 문화계", 1984.8.27.
39) 「동아일보」 1928.3.12.; 1928.3.14.
40) 이난향, 앞의 글
41) 韓靑山, 「妓生撤廢論」, 『동광』 제28호, 1931.12.1.

42) 전경수, 「추천사-"기생의 사회사", 스티그마를 겨냥한 칼을 갈다」, 『꽃을 잡고』, 경덕, 2005.

기생 이야기 일제시대의 대중스타

펴낸날	초판 1쇄 2007년 6월 28일
	초판 3쇄 2014년 6월 17일
지은이	신현규
펴낸이	심만수
펴낸곳	(주)살림출판사
출판등록	1989년 11월 1일 제9-210호
주소	경기도 파주시 광인사길 30
전화	031-955-1350 팩스 031-624-1356
기획·편집	031-955-4671
홈페이지	http://www.sallimbooks.com
이메일	book@sallimbooks.com
ISBN	978-89-522-0662-6 04080

※ 값은 뒤표지에 있습니다.
※ 잘못 만들어진 책은 구입하신 서점에서 바꾸어 드립니다.

함께 읽으면 좋은 책

역사·문명

085 책과 세계

강유원(철학자)

책이라는 텍스트는 본래 세계라는 맥락에서 생겨났다. 인류가 남긴 고전의 중요성은 바로 우리가 가 볼 수 없는 세계를 글자라는 매개를 통해서 우리에게 생생하게 전해 주는 것이다. 이 책은 역사라는 시간과 지상이라고 하는 공간 속에 나타났던 텍스트를 통해 고전에 담겨진 사회와 사상을 드러내려 한다.

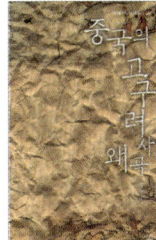

056 중국의 고구려사 왜곡 `eBook`

최광식(고려대 한국사학과 교수)

중국의 고구려사 왜곡의 숨은 의도와 논리, 그리고 우리의 대응 방안을 다뤘다. 저자는 동북공정이 국가 차원에서 진행되는 정치적 프로젝트임을 치밀하게 증언한다. 경제적 목적과 영토 확장의 이해관계 등이 복잡하게 얽혀 있는 동북공정의 진정한 배경에 대한 설명, 고구려의 역사적 정체성에 대한 문제, 고구려사 왜곡에 대한 우리의 대처방법 등이 소개된다.

291 프랑스 혁명 `eBook`

서정복(충남대 사학과 교수)

프랑스 혁명은 시민혁명의 모델이자 근대 시민국가 탄생의 상징이지만, 그 실상을 아는 사람은 많지 않다. 프랑스 혁명이 바스티유 습격 이전에 이미 시작되었으며, 자유와 평등 그리고 공화정의 꽃을 피기 위해 너무 많은 피를 흘렸고, 혁명의 과정에서 해방과 공포가 엇갈리고 있었다는 등의 이야기를 통해 프랑스 혁명의 실상을 소개한다.

139 신용하 교수의 독도 이야기 `eBook`

신용하(백범학술원 원장)

사학계의 원로이자 독도 관련 연구의 대가인 신용하 교수가 일본의 독도 영토 편입문제를 걱정하며 일반 독자가 읽기 쉽게 쓴 책. 저자는 역사적으로나 국제법상으로 실효적 점유상으로나, 어느 측면에서 보아도 독도는 명백하게 우리 땅이라고 주장하며 여러 가지 역사적인 자료를 제시한다.

역사 · 문명

144 페르시아 문화   eBook

신규섭(한국외대 연구교수)

인류 최초 문명의 뿌리에서 뻗어 나와 아랍을 넘어 중국, 인도와 파키스탄, 심지어 그리스에까지 흔적을 남긴 페르시아 문화에 대한 개론서. 이 책은 오랫동안 베일에 가려 있던 페르시아 문명을 소개하여 이슬람에 대한 편견과 오해를 바로 잡는다. 이태백이 이란계였다는 사실, 돈황과 서역, 이란의 현대 문화 등이 서술된다.

086 유럽왕실의 탄생

김현수(단국대 역사학과 교수)

인류에게 '예술과 문명' 그리고 '근대와 국가'라는 개념을 선사한 유럽왕실. 유럽왕실의 탄생배경과 그 정체성은 무엇인가? 이 책은 게르만의 한 종족인 프랑크족과 메로빙거 왕조, 프랑스의 카페 왕조, 독일의 작센 왕조, 잉글랜드의 웨섹스 왕조 등 수많은 왕조의 출현과 쇠퇴를 통해 유럽 역사의 변천을 소개한다.

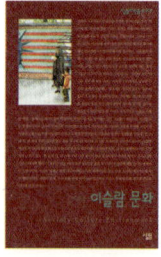

016 이슬람 문화

이희수(한양대 문화인류학과 교수)

이슬람교와 무슬림의 삶, 테러와 팔레스타인 문제 등 이슬람 문화 전반을 다룬 책. 저자는 그들의 멋과 가치관을 흥미롭게 설명하면서 한편으로 오해와 편견에 사로잡혀 있던 시각의 일대 전환을 요구한다. 이슬람교와 기독교의 관계, 무슬림의 삶과 낭만, 이슬람 원리주의와 지하드의 실상, 팔레스타인 분할 과정 등의 내용이 소개된다.

100 여행 이야기   eBook

이진홍(한국외대 강사)

이 책은 여행의 본질 위를 '길거리의 철학자'처럼 편안하게 소요한다. 먼저 여행의 역사를 더듬어 봄으로써 여행이 어떻게 인류 역사의 형성과 같이해 왔는지를 생각하고, 다음으로 여행의 사회학적 · 심리학적 의미를 추적함으로써 여행에 어떤 의미를 부여할 것인가에 대해 말한다. 또한 우리의 내면과 여행의 관계 정의를 시도한다.

역사 · 문명

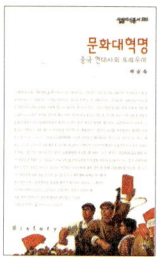

293 문화대혁명 중국 현대사의 트라우마

eBook

백승욱(중앙대 사회학과 교수)

중국의 문화대혁명은 한두 줄의 정부 공식 입장을 통해 정리될 수 없는 중대한 사건이다. 20세기 중국의 모든 모순은 사실 문화대혁명 시기에 집약되어 있다고 해도 과언이 아니다. 사회주의 시기의 국가 · 당 · 대중의 모순이라는 문제의 복판에서 문화대혁명을 다시 읽을 필요가 있는 지금, 이 책은 문화대혁명에 대한 안내자가 될 것이다.

174 정치의 원형을 찾아서

eBook

최자영(부산외국어대학교 HK교수)

인류가 걸어온 모든 정치체제들을 매우 짧은 기간 동안 시험하고 정비한 나라, 그리스. 이 책은 과두정, 민주정, 참주정 등 고대 그리스의 정치사를 추적하고, 정치가들의 파란만장한 일화 등을 소개하고 있다. 특히 이 책의 저자는 아테네인들이 추구했던 정치방법이 오늘 우리 사회가 당면한 문제를 해결할 수 있는 지혜의 발견에 도움을 줄 수 있을 것이라고 말한다.

420 위대한 도서관 건축순례

eBook

최정태(부산대학교 명예교수)

이 책은 도서관의 건축을 중심으로 다룬 일종의 기행문이다. 고대 도서관에서부터 21세기에 완공된 최첨단 도서관까지, 필자는 가능한 많은 도서관을 직접 찾아보려고 애썼다. 미처 방문하지 못한 도서관에 대해서는 문헌과 그림 등 가능한 많은 정보를 수집하려 노력했다. 필자의 단상들을 함께 읽는 동안 우리 사회에서 도서관이 차지하는 의미에 대해 다시 생각하게 된다.

421 아름다운 도서관 오디세이

eBook

최정태(부산대학교 명예교수)

이 책은 문헌정보학과에서 자료 조직을 공부하고 평생을 도서관에 몸담았던 한 도서관 애찬가의 고백이다. 필자는 퇴임 후 지금까지 도서관을 돌아다니면서 직접 보고 배운 것이 40여 년 동안 강단과 현장에서 보고 얻은 이야기보다 훨씬 많았다고 말한다. '세계 도서관 여행 가이드'라 불러도 손색없을 만큼 풍부하고 다채로운 내용이 이 한 권에 담겼다.

역사 · 문명

eBook 표시가 되어있는 도서는 전자책으로 구매가 가능합니다.

016 이슬람 문화 | 이희수
017 살롱문화 | 서정복 eBook
020 문신의 역사 | 조현설 eBook
038 헬레니즘 | 윤진 eBook
056 중국의 고구려사 왜곡 | 최광식 eBook
085 책과 세계 | 강유원
086 유럽왕실의 탄생 | 김현수 eBook
087 박물관의 탄생 | 전진성 eBook
088 절대왕정의 탄생 | 임승휘 eBook
100 여행 이야기 | 이진홍
101 아테네 | 장영란 eBook
102 로마 | 한형곤 eBook
103 이스탄불 | 이희수 eBook
104 예루살렘 | 최창모
105 상트 페테르부르크 | 방일권 eBook
106 하이델베르크 | 곽병휴 eBook
107 파리 | 김복래 eBook
108 바르샤바 | 최건영
109 부에노스아이레스 | 고부안 eBook
110 멕시코 시티 | 정혜주
111 나이로비 | 양철준
112 고대 올림픽의 세계 | 김복희
113 종교와 스포츠 | 이창익
115 그리스 문명 | 최혜영
116 그리스와 로마 | 김덕수 eBook
117 알렉산드로스 | 조현미
138 세계지도의 역사와 한반도의 발견 | 김상근
139 신용하 교수의 독도 이야기 | 신용하
140 간도는 누구의 땅인가 | 이성환 eBook
143 바로크 | 신정아 eBook

144 페르시아 문화 | 신규섭
150 모던 걸, 여우 목도리를 버려라 | 김주리 eBook
151 누가 하이카라 여성을 데리고 사누 | 김미지 eBook
152 스위트 홈의 기원 | 백지혜 eBook
153 대중적 감수성의 탄생 | 강심호 eBook
154 에로 그로 넌센스 | 소래섭 eBook
155 소리가 만들어낸 근대의 풍경 | 이승원 eBook
156 서울은 어떻게 계획되었는가 | 염복규 eBook
157 부엌의 문화사 | 함한희
171 프랑크푸르트 | 이기식 eBook
172 바그다드 | 이동은 eBook
173 아테네인, 스파르타인 | 윤진 eBook
174 정치의 원형을 찾아서 | 최자영 eBook
175 소르본 대학 | 서정복
187 일본의 서양문화 수용사 | 정하미
188 번역과 일본의 근대 | 최경옥
189 전쟁국가 일본 | 이성환 eBook
191 일본 누드 문화사 | 최유경
192 주신구라 | 이준섭
193 일본의 신사 | 박규태 eBook
220 십자군, 성전과 약탈의 역사 | 진원숙
239 프라하 | 김규진 eBook
240 부다페스트 | 김성진 eBook
241 보스턴 | 황선희
242 돈황 | 전인초 eBook
249 서양 무기의 역사 | 이내주
250 백화점의 문화사 | 김인호
251 초콜릿 이야기 | 정한진
252 향신료 이야기 | 정한진
259 와인의 문화사 | 고형욱

269 이라크의 역사 | 공일주
283 초기 기독교 이야기 | 진원숙
285 비잔틴제국 | 진원숙 eBook
286 오스만제국 | 진원숙
291 프랑스 혁명 | 서정복 eBook
292 메이지유신 | 장인성
293 문화대혁명 | 백승욱 eBook
294 기생 이야기 | 신현규
295 에베레스트 | 김법모
296 빈 | 인성기 eBook
297 발트3국 | 서진석 eBook
298 아일랜드 | 한일동
308 홍차 이야기 | 정은희 eBook
317 대학의 역사 | 이광주
318 이슬람의 탄생 | 진원숙
335 고대 페르시아의 역사 | 유흥태
336 이란의 역사 | 유흥태
337 에스파한 | 유흥태
342 다방과 카페, 모던보이의 아지트 | 장유정
343 러시아 속의 채식인 | 이항조
371 대공황 시대 | 양동휴 eBook
420 위대한 도서관 건축순례 | 최정태 eBook
421 아름다운 도서관 오디세이 | 최정태 eBook
423 서양 건축과 실내 디자인의 역사 | 천진희 eBook
424 서양 가구의 역사 | 공혜원 eBook
437 알렉산드리아 비블리오테카 | 남태우
439 전통 명품의 보고, 규장각 | 신병주 eBook
443 국제대인 이야기 | 김철민
462 장군 이순신 | 도현신 eBook
463 전쟁의 심리학 | 이윤규 eBook

(주)살림출판사
www.sallimbooks.com
주소 경기도 파주시 문발동 522-1 | 전화 031-955-1350 | 팩스 031-955-1355